VOLTA EXTRA: TEMPORADA 2022

CABEÇA FRIA, CORAÇÃO QUENTE

ABEL FERREIRA
CARLOS MARTINHO
JOÃO MARTINS
TIAGO COSTA
VITOR CASTANHEIRA

CABEÇA FRIA, CORAÇÃO QUENTE

VOLTA EXTRA:
TEMPORADA 2022

GAROA
LIVROS

© Garoa Livros, 2023; © Abel Ferreira, 2023; © Carlos Martinho, 2023; © João Martins, 2023; © Tiago Costa, 2023; © Vitor Castanheira, 2023.

Todos os direitos reservados. Nenhuma parte deste livro pode ser utilizada ou reproduzida sem a expressa autorização da editora.

Editor
Celso de Campos Jr.

Projeto gráfico
Tatiana Rizzo/ Estúdio Canarinho

Fotos
Cesar Greco

Fabio Menotti (páginas 27, 32, 34, 35, 39, 40, 44, 47, 48, 50-1, 156, 157, 165)
Thiago Mancini (quarta capa e páginas 2-3)
Divulgação Bienal do Livro (página 158a)
Divulgação Conmebol (Capa e página 148)

Artes/ S.E. Palmeiras
Mauricio Rito
Eric Hiroiti Oki
Renan Coppola

Consultoria
Acervo Histórico/ S. E. Palmeiras
Fernando Razzo Galuppo
Fernão Ketelhuth
José Ezequiel de Oliveira Filho

Produção e logística
Simei Junior

Revisão
Shark Comunicação

Impressão
Maistype

www.garoalivros.com.br

Dados Internacionais de Catalogação na Publicação (CIP)
Angélica Ilacqua CRB-8/7057

Volta extra : temporada 2022 : Cabeça fria, coração quente / Abel Ferreira...[et al]. – São Paulo : Garoa Livros, 2023.
168 p.
ISBN 978-85-6668-314-1
1. Sociedade Esportiva Palmeiras - História
2. Futebol I. Ferreira, Abel
23-0517   CDD 796.3340981

Índices para catálogo sistemático:
1. Treinadores de futebol: biografia
2. Sociedade Esportiva Palmeiras

*A todos aqueles com quem partilhamos
o relvado do futebol e o relvado da vida...*

*Em especial... Aos titulares absolutos, as nossas famílias.
Elas, que mais sofrem a nossa ausência.
Elas, as maiores prejudicadas pela nossa paixão pelo futebol.
Elas, as mais sacrificadas pela nossa dedicação diária ao trabalho.
Elas, que mais sentem as derrotas e que mais vibram com as vitórias.
Elas, que conseguem lidar com nossa paixão e continuam a amar-nos.
Obrigado por tudo. Fazemos o que fazemos por vocês.*

*E também... Ao público que tem estado
nas bancadas da nossa carreira.
Ao público com lugar cativo que gosta
de ver as nossas equipas jogarem.
A todos aqueles que pensam, que indagam
e que questionam o próprio método.
A todos os insatisfeitos e inconformados
que vivem na busca da própria evolução.
Aos interessados no modus operandi
de uma equipa técnica no futebol profissional.
Aos interessados em conhecer os bastidores
dos meses mais vitoriosos da história do Palmeiras.
Que o presente livro vos faça pensar e refletir.
Se o fizer, a nossa missão está cumprida.*

Nota prévia: A volta extra, que aborda os acontecimentos da temporada de 2022, será dividida em **relargada** (as razões de nossa permanência), **reta inicial** (pré-temporada), **curva 1** (Mundial de Clubes), **curva 2** (Recopa Sul-Americana), **curva 3** (Campeonato Paulista), **curva 4** (Copa do Brasil), **curva 5** (Copa Libertadores), **curva 6** (Campeonato Brasileiro) e **fim da volta**.

Relargada

Verdade seja dita: o início de uma nova corrida poderia não ter acontecido.

Terminada a temporada, na primeira semana de dezembro de 2021, nosso desgaste mental era tão grande que nos levou a questionar, por alguns dias, o que seria melhor para nós, tanto no âmbito pessoal quanto no profissional. Continuar ou parar por um tempo?

O mês que teríamos de "férias", afinal, não se previa suficiente para descansar nem para recarregar energias, depois de 13 meses consecutivos de competição e 105 jogos disputados nesse período de tempo (sim, 105 jogos...). As declarações do Abel na coletiva de imprensa após a final da Libertadores, em que afirmou precisar "refletir e pensar no que é melhor para mim e para a minha família", demonstraram em público o lado humano e a imagem de um treinador mentalmente esgotado. Para além disso, evidenciaram o lado oculto de um profissional que estava há dois anos e meio a morar longe da sua família de sangue – tempo e distância esses que trazem malefícios emocionais para todos os envolvidos. Por mais que esses aspectos sejam uma consequência da decisão tomada no momento de emigrar de Portugal, são também fatores a considerar no momento de fazer um balanço sobre a continuidade ou não do trabalho que acaba por causar esta situação. Por fim, corroboramos com a ideia de que "ou se morre como herói ou se vive o tempo suficiente para se tornar um vilão", e consideramos que ela se aplica muito bem, e com frequência, ao futebol. O prazo de validade de um treinador é (quase sempre) determinado pelos resultados.

Então, o que nos levou a iniciar uma nova temporada no Palmeiras?

1. O compromisso do Abel com nossos jogadores. Relatamos na volta 68 que ele havia sido bem claro com os atletas, às vésperas da semifinal da Li-

bertadores de 2021: se não ganhássemos nenhum título na temporada, sairíamos pelo próprio pé. Mas havia uma segunda parte dessa decisão: caso essa conquista viesse, continuaríamos no comando técnico.

2. A ligação com um clube com o qual nos identificamos no tocante aos princípios, valores e visão.

3. O sentimento de que o trabalho ainda não estava terminado: ainda tínhamos títulos para conquistar (Mundial, Recopa, Paulista e Brasileirão) e jogadores para valorizar.

4. A convicção de que, pela primeira vez e somente após 13 meses de nossa chegada, teríamos tempo para lapidar os jogadores (taticamente, tecnicamente, fisicamente e mentalmente) de acordo com a nossa verdadeira metodologia de trabalho, isto é, nas quatro semanas de pré-temporada.

5. O carinho dos verdadeiros torcedores, aqueles que apoiam o clube nas vitórias e o amam nas derrotas e que entendem o futebol como um jogo de três resultados.

6. O desejo de querer continuar a fazer história neste clube e, consequentemente, estabelecer novas metas e recordes.

7. Não termos receio de nos tornar vilões, porque acima de tudo sabemos quem somos, de onde viemos, o que fazemos e porque o fazemos.

Enfim, colocando na balança os motivos que poderiam nos levar a querer parar e os motivos que nos levavam a ficar, eram muito mais "pesados" e "fortes" aqueles que nos indicavam a permanência. Apesar de estarmos muito felizes pelo trabalho e pelos títulos conquistados até então, ainda tínhamos caminho a percorrer e objetivos a alcançar. Por isso, iniciamos uma nova corrida. Talvez não 100% recuperados da brutalidade do ano de 2021, mas 200% confiantes e determinados para lutar por nossas metas.

Reta inicial

Entramos na reta inicial (a pré-temporada) com um único objetivo: a preparação para a curva 1 (o Mundial de Clubes). Nesse sentido, começamos a época com algumas reflexões, reuniões e decisões importantes...

A primeira reflexão foi sobre as contingências vividas em 2021. Nos dias após a final de Montevidéu, e antes das férias, não tivemos tempo para discutir o significado dos acontecimentos daquele ano. Tampouco estávamos mentalmente preparados para essa conversa, e assim ela ficou adiada para outro momento. Ao iniciarmos a nova temporada, o Abel propôs à equipa técnica que fizéssemos uma análise da temporada anterior – cujas conclusões compartilhamos a seguir.

Relativamente à Recopa e à Supercopa, entendemos que perder ambas as finais nos pênaltis faz parte das vicissitudes do futebol: mesmo que nos custe a lidar, temos de aceitar. O Mundial foi uma prova para a qual não pudemos nos preparar da melhor forma; agora, teríamos uma oportunidade de fazer as coisas de forma diferente depois da experiência passada. A Copa do Brasil foi um objetivo claramente falhado – e com o qual teríamos que aprender a lição para não repetir o erro. Sobre o Brasileirão, por muito que nos custe admitir, terminamos no lugar que merecemos. A inconsistência de resultados, a quantidade de golos sofridos e os pontos perdidos em casa foram aspectos que nos afastaram do 1º lugar, deixando-nos estacionados na terceira colocação. Quanto à Libertadores, conseguimos alcançar nosso objetivo. Fizemos história mais uma vez, alcançando um bicampeonato que, para muitos, era um sonho quase impossível. (Impossível?! Alguém chamou por nós?!).

Sob o ponto de vista geral, englobando todas as competições, sentimos que os aspectos a melhorar em 2022 deveriam ser a consistência defensiva e os pontos perdidos em casa. Além disso, seria fundamental construirmos a mentalidade de que, quando não for possível vencer um jogo, não o podemos perder. Na temporada anterior, tivemos no Campeonato Brasileiro mais derrotas (12) do que empates (6) – e isso, numa competição que exige regularidade, como são as ligas/campeonatos de pontos corridos, dificulta sobremaneira o alcance de nossos objetivos. Quando não se pode ganhar, não se perde.

Consideramos fundamental dedicar tempo a reflexões como esta, individualmente e enquanto equipa. Depois deste debate, o Abel passou nossas conclusões aos jogadores numa conversa informal, de modo a construir o *mindset* e a nortear nosso desempenho desde o início do ano.

O ponto seguinte foi sobre os sistemas táticos que devíamos potenciar no início da temporada de 2022. Se por um lado o Abel defende a ideia de não ser um treinador de sistemas, e sim de comportamentos e princípios, por outro lado deveríamos definir dois sistemas para trabalharmos para o Mundial de Clubes e a Recopa – uma vez que já saberíamos os adversários que iríamos ou poderíamos enfrentar. Por esse motivo, o Abel passou à equipa um "TPC" ("Trabalho para Casa", como se diz em Portugal): pensar quais sistemas deveríamos começar a trabalhar na pré-temporada, tendo em conta os compromissos iniciais do ano. Em todos os treinos e jogos prévios ao Mundial (amistosos ou Campeonato Paulista), procuraríamos trabalhar os dois sistemas escolhidos, mantendo os comportamentos e princípios independentes da estrutura tática que pudéssemos escolher para um jogo ou outro.

Outra reunião muito importante no início da temporada foi aquela que o Abel teve com os jogadores que reforçaram a equipa neste período (Marcelo Lomba, Murilo, Jailson, Atuesta e Navarro). Estes atletas chegaram para repor as saídas daqueles que deixaram o clube em dezembro (Jailson, Danilo Barbosa, Victor Luis, Felipe Melo, Matheus Fernandes, Willian Bigode e Luiz Adriano). Os novos reforços tinham o devido aval do treinador e se encaixavam nos critérios profissionais que o Abel entende como necessários para preencher as lacunas do elenco. Mesmo que ainda tenham restado brechas, que eram públicas e conhecidas por todos, sentimos que o Palmeiras reforçou-se no mercado de transferências de forma assertiva e clínica, com jogadores que podem ajudar o clube com rendimento desportivo a curto-médio prazo e rendimento financeiro futuro – algo importante para a filosofia do treinador e do clube. Esta reunião do Abel com os reforços serviu para alinhar não só comportamentos profissionais, mas principalmente comportamentos pessoais, uma vez que é nesta reunião que o Abel entrega o *Contrato Jogador-Treinador* que abordamos na volta 71. É também neste momento de interação que o Abel faz o atleta entender que terá de lutar por seu espaço, pois nenhum jogador que chega a nossas equipas tem lugar garantido entre os titulares.

Sinal verde: reapresentação e início de preparação para uma pré-temporada de quatro semanas, tempo para lapidar os jogadores tática, técnica, física e mentalmente

(Ainda nesta fase inicial da temporada, decidimos quais mascotes seriam adotados para representar as primeiras competições do ano – talvez a menos importante de nossas resoluções, mas que também merece registro nestas páginas, uma vez que apontaria a sucessão do agora famoso peixe Libertadores, colega de gabinete na reta final de 2021. Sabendo que o periquito é um dos símbolos do Palmeiras, ponderamos e optamos por acolher dois pássaros: o macho Mundial e a fêmea Recopa[1]. Nosso objetivo era vermos todos os dias os pássaros e nos lembrarmos de que cada uma de nossas decisões deveria ser em prol da conquista desses dois troféus.)

Novos mascotes: o macho Mundial, a fêmea Recopa e os três filhotes nascidos no CT

A reapresentação do elenco aconteceu em 5 de janeiro de 2022. Os habituais testes de pré-temporada (médicos e não só) estavam previstos para acontecer em contraturno; toda a nossa preparação seria feita no campo, com bola. Entretanto, no momento em que começávamos os trabalhos, fomos abalados novamente por um surto de Covid-19. Perdemos cinco jogadores no primeiro dia, dois no segundo, um no terceiro, dois no quarto,

---

1 À data que esta edição é publicada, os pássaros já puseram cinco ovos. Três filhotes sobreviveram e cresceram.

um no quinto e um no sexto. Ao todo, portanto, iniciamos a pré-temporada com 12 jogadores a menos, o que impactou no ganho de performance física e na preparação individual e coletiva para a sequência de disputas.

Após o regresso destes atletas, o Abel decidiu fazer uma apresentação para todo o grupo, mas direcionada principalmente para os reforços entenderem os processos e a mentalidade que estamos a construir desde o primeiro dia ao serviço da Sociedade Esportiva Palmeiras. Apesar de eles já estarem inteirados desses aspectos, este seria o momento ideal para uma sessão oficial de boas-vindas, que teria ainda a apresentação do lema da equipa e dos critérios de seleção do treinador, o detalhamento dos objetivos para 2022, da mentalidade para a temporada e, por fim, a apresentação dos "30%" que são responsabilidade do treinador e comissão – ou seja, os sistemas táticos e os comportamentos táticos para o Mundial e a Recopa, primeiros objetivos do ano.

De modo a preparar a participação no Mundial, definimos usar um total de 9 jogos: os 4 compromissos do Paulistão 2022 que aconteceriam antes da viagem a Abu Dhabi e mais 5 partidas amistosas que planejamos.

Do ponto de vista tático, e também dos resultados, os amistosos não correram como esperado – mas a mentalidade vencedora é um hábito que se treina e que se ganha. Porém, do ponto de vista físico, e para ganhar condição de jogo, esses duelos foram fantásticos: jogamos contra equipas que, mesmo de divisões inferiores, estavam a treinar e/ou a competir há mais tempo do que nós, exigindo que nosso esforço e nosso desempenho tivessem de ser ainda maiores. Afinal, jogar contra o Palmeiras é uma motivação extra.

O primeiro jogo-treino aconteceu no dia 8 de janeiro, e terminou empatado. O segundo jogo-treino aconteceu no dia 12 de janeiro, e saímos derrotados por 2x1. No dia 15 de janeiro, fizemos duas partidas: uma pela manhã e outra à tarde, de modo a dar carga de jogo completo aos atletas. Vencemos ambas por 2x1. Por fim, no dia 19 de janeiro, realizamos um jogo treino entre nós, Palmeiras x Palmeiras, em que ganhou… o Palmeiras.

Quatro dias depois, em 23 de janeiro, iniciou-se o Paulista para nossa equipa. E nas quatro primeiras partidas do torneio, que como referido serviriam aos nossos olhos como preparação para o Mundial, obtivemos três vitórias e um empate. Marcamos sete golos e sofremos somente um. Em nossa

Slide de abertura da apresentação feita pelo Abel aos jogadores

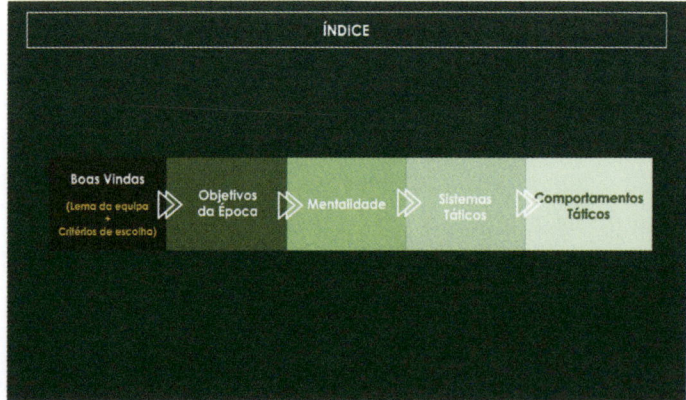

Segundo slide da apresentação feita pelo Abel aos jogadores

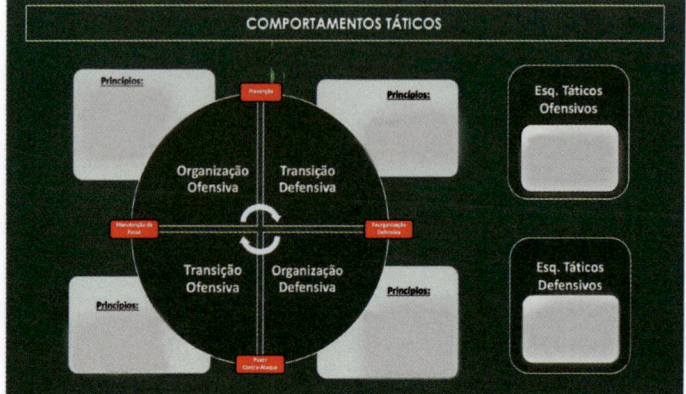

Décimo slide apresentado pelo Abel aos jogadores, que consistia em um resumo dos grandes comportamentos da nossa equipa

reunião de início de temporada, havíamos discutido bastante a importância da consistência defensiva, e, para nossa satisfação, assistimos nesses jogos a uma melhoria bastante significativa na atitude mental competitiva dos nossos jogadores – ainda que o nível dos jogos não fosse o mesmo que teríamos na sequência do ano. Se em 2021 sentimos que essa postura mental tinha existido intermitentemente, em 2022, desde o primeiro jogo da temporada, sentimos uma atitude mental competitiva diferente – e, por sinal, mais firme e frequente. O resultado? A tão desejada melhora da consistência defensiva e também, por consequência, um bom desempenho ofensivo.

Percorremos esta reta inicial ao longo de 33 dias, dos quais 24 foram ocupados com treinos, 8 com jogos e 1 dia de folga. Ao final desse longo traçado, surgia a tão esperada e desafiadora primeira curva: o Mundial de Clubes.

Curva 1

Pela primeira vez na história do Palmeiras, repetíamos a presença na competição de clubes mais importante do panorama do futebol mundial. Um torneio seleto, que reúne exclusivamente os campeões dos campeões, isto é, os vencedores dos títulos de cada continente.

Por estarmos retornando a essa competição, e pelo fato de a experiência anterior não ter corrido como desejávamos, no primeiro dia de planejamento da temporada fizemos as três perguntas mágicas do Abel:

1. O que significou o Mundial para nós?
2. O que aprendemos com a experiência anterior?
3. O que podemos fazer diferente da próxima vez?

Respondendo às próprias perguntas:

1. Significou uma experiência única em nossas carreiras, em que, contudo, as coisas não aconteceram da forma como trabalhamos para que acontecessem.

2. Aprendemos que a preparação é o fator mais importante, seja qual for a competição – e isso é algo que podemos controlar. Se na experiência anterior, mesmo contra o tempo, comissão e estrutura cometemos falhas nessa abordagem, desta vez elas não poderiam se repetir.

3. Pensando nas quatro dimensões do desporto (tático, técnico, físico e mental), a preparação para o Mundial de 2021 foi muito mais detalhada, simplesmente por um motivo: tivemos 33 dias de preparação para esta competição – contra apenas 5/6 dias de preparação para o Mundial de 2020. Do ponto de vista das dimensões futebolísticas, portanto, este Mundial pôde ser muito melhor preparado do que o anterior.

Poderíamos até obter o mesmo resultado, mas não iríamos cometer os mesmos erros. Esta foi uma das conclusões da reflexão que existiu por parte da comissão técnica e de todos os departamentos do clube.

A PREPARAÇÃO MENTAL

De acordo com aquela que é uma de nossas prerrogativas, o Mundial também englobou uma extensa preparação motivacional e mental. Demos início a ela já no primeiro dia de trabalho: o Abel fez questão de dizer aos jogadores que todos os nossos treinos e jogos seriam uma preparação para o Mundial de Clubes e para a Recopa, e que essas competições não seriam um sonho nem desejo, mas sim um objetivo.

Como primeiro passo dessa estratégia, colocamos imagens da taça do Mundial nos quartos dos jogadores e em diversos pontos do Centro de Treinamento, para que fossem vistas pelos atletas assim que regressassem ao trabalho. Abaixo da taça, escrevemos a seguinte frase: "Com gratidão pela oportunidade... Vamos acreditar... Fazer... Conquistar!". Além desta frase, que foi o nosso lema durante a abordagem de todo o Mundial, o Abel lançou outro mote em paralelo: "A fé e o acreditar superam qualquer adversário". Sabíamos, afinal, que nesta prova poderíamos enfrentar adversários do nosso nível ou superior.

Este primeiro passo, mais do que motivacional, era uma preparação mental para as adversidades que iríamos enfrentar no Mundial e, acima de tudo, para a criação de um propósito para essa competição. Queríamos que nosso pensamento não ficasse focado apenas na conquista, algo que inevitavelmente nos traz pressão: a ideia era focar no acreditar e no fazer acontecer. A conquista, pois, seria uma consequência.

O segundo passo consistiu em criar uma música que nos acompanhasse quando deixássemos a Academia de Futebol rumo a Abu Dhabi. Eis a letra:

Terminamos a preparação
E viajamos rumo ao Mundial,
Com bagagens cheias de motivação,
E de uma fé sobrenatural.

Com um propósito bem definido.
Com gratidão pela oportunidade.
O resultado será consequência,
De toda a nossa garra e vontade.

Competir é a base de tudo.
Depois vem o foco e a organização,
Por fim toda a vossa qualidade,
Que demonstram com união.

Jogaremos para ganhar,
Cada jogo é uma final.
Todos defendem e todos atacam,
Com coragem e força mental.

(Refrão 1x)
Dos Atletas à Diretoria,
Da Comissão à Rouparia.
Conquistamos o que conquistamos,
Porque TODOS SOMOS UM.

Do Marketing à Comunicação,
Da Cozinha à Manutenção.
Conquistamos o que conquistamos,
Porque TODOS SOMOS UM.

Do Operacional à Administração.
Da Segurança ao Centro de Formação.
Conquistamos o que conquistamos,
Porque TODOS SOMOS UM.

Dos Motoristas ao NSP,
Do torcedor às Torcidas.
Conquistamos o que conquistamos,
Porque TODOS SOMOS UM.

O que nos trouxe até aqui?
O que nos fez conquistar?
Foi sermos uma família.
E fazermos do CT o nosso lar.

Acreditamos sem ver,
E trabalhamos para o fazer.
Essa sempre foi a nossa força.
A força que nos fez vencer.

Com coragem e persistência,
Um espírito de equipe solidário.
A fé e o acreditar,
Superam qualquer adversário.

Com coração quente e cabeça fria,
Competindo com força mental.
Juntos, seremos mais fortes.
Juntos, jogaremos o Mundial.

(Refrão 1x)
Dos Atletas à Diretoria,
Da Comissão à Rouparia.
Conquistamos o que conquistamos,
Porque TODOS SOMOS UM.

Do Marketing à Comunicação,
Da Cozinha à Manutenção.
Conquistamos o que conquistamos,
Porque TODOS SOMOS UM.

Do Operacional à Administração.
Da Segurança ao Centro de Formação.
Conquistamos o que conquistamos,
Porque TODOS SOMOS UM.

Dos Motoristas ao NSP,
Do torcedor às Torcidas.
Conquistamos o que conquistamos,
Porque TODOS SOMOS UM.

A letra foi escrita pelo Tiago e contém muitas das mensagens transmitidas diariamente pelo Abel – mensagens essas que fazem parte não só de nossa filosofia de trabalho, como também de nossa filosofia de vida. Fizemos questão de gravar um videoclipe da música e de incluir nele todos os funcionários do CT: queríamos que eles se sentissem ainda mais parte deste momento especial que é disputar o Mundial de Clubes. Ao mesmo tempo, pretendíamos que os jogadores, no momento que visualizassem o clipe, se lembrassem de todas as pessoas que lhes proporcionam as condições para desempenhar sua atividade profissional em alto nível, diariamente.

Esta foi uma iniciativa única, que nunca tínhamos feito em nenhum clube anterior. Com criatividade e inovação, conseguimos fazer algo diferente dentro do mesmo objetivo de sempre: relembrar os jogadores da filosofia de trabalho que nos havia trazido até aqui e das razões pelas quais "conquistamos o que conquistamos".

O terceiro passo da nossa preparação mental também envolveu uma atividade inédita. Tratamos de escolher amigos secretos para cada um dos jogadores e pedimos que cumprissem duas tarefas: (1) escrever uma carta para esse amigo secreto e (2) comprar para ele um presente.

Na carta, cada jogador teria de descrever o amigo secreto com palavras cujas iniciais eram as letras que compunham o nome do colega. Além disso, teriam que escrever o que mais admiram nesse amigo secreto e dizer-lhe, de forma escrita, o que para ele significava conquistar o Mundial de Clubes. Seguem exemplos:

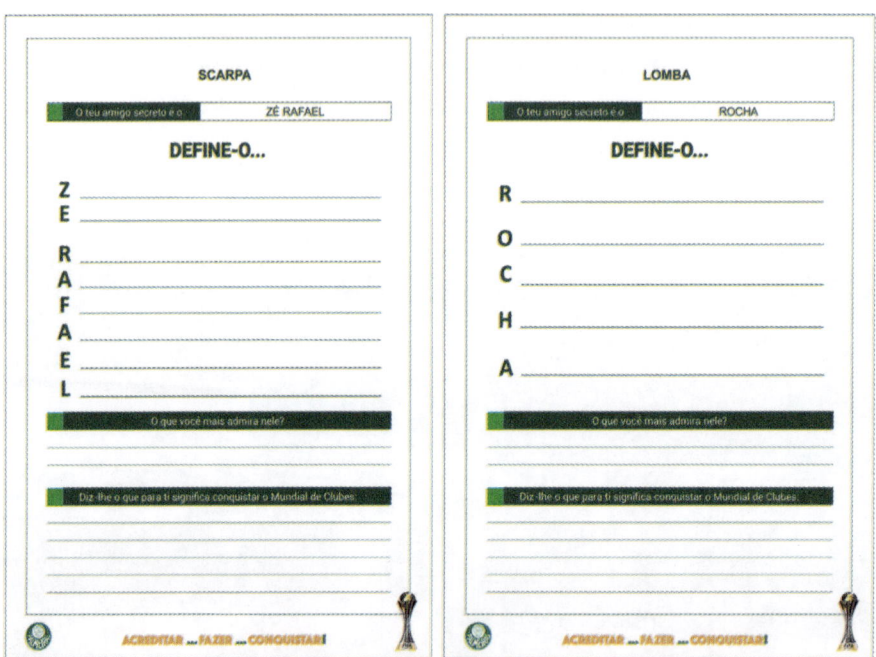

Já o presente que os jogadores deveriam comprar seria uma lembrança para o amigo de sua participação do Mundial. Nossa ideia era propiciar um momento de descontração para ajudar a quebrar a ansiedade competitiva na véspera do primeiro jogo no Mundial, a semifinal. Fizemos a entrega dos presentes justamente na véspera dessa partida, após quatro dias de treino consecutivos de preparação para esse duelo. Esta acabou por ser uma atividade bastante produtiva, que atingiu plenamente os nossos objetivos enquanto comissão: reduzir a ansiedade competitiva e o nervosismo, algo que é perfeitamente normal na véspera de jogos deste nível (decisão e finais).

O quarto passo da preparação motivacional foi a colocação de duas lembranças no quarto dos jogadores em Abu Dhabi. A primeira foi a taça do

Mundial, da mesma forma que havíamos colocado nos respectivos quartos e nas dependências da Academia de Futebol: fizemos questão de que os atletas, quando chegassem ao hotel, vissem novamente o troféu e a mensagem. A segunda foi uma moldura, simbólica da competição, como é nosso apanágio, e que também foi colocada nos quartos antes dos jogadores chegarem ao hotel. Nessa moldura, colocamos o lema da competição e uma foto deles com suas famílias. A ideia era a de que eles encontrassem no quarto algo que os lembrasse de "casa", mesmo estando do outro lado do mundo. Mais uma vez, fizemos questão que todo o staff presente em Abu Dhabi também usufruísse desta lembrança.

O quinto passo, na véspera da semifinal do torneio, consistiu em colocar nos quartos dos jogadores uma carta da família. Esta mensagem poderia ser escrita à mão ou enviada digitalmente, e podia ainda conter desenhos dos filhos, a critério dos familiares. A ideia desta atividade era que o conteúdo das cartas nos proporcionasse um bem-estar: acontecesse o que acontecesse, as famílias sempre estariam lá para nós.

O sexto passo ocorreu na preparação para a final do Mundial de Clubes. Mais uma vez, recorremos às famílias dos atletas e solicitamos que elas fizessem um vídeo seguindo as nossas diretrizes: teriam de dizer o nome do atleta, uma frase escolhida por nós e precisariam se filmar subindo três degraus.

O vídeo se iniciava com uma animação dos passos que tínhamos percorrido até chegar àquele momento. Uma porta com a palavra "Eternidade" representava a mensagem que o Abel transmitiria durante aquela semana: já estávamos na História pelo que havíamos conquistado anteriormente. Agora, nosso desejo coletivo era entrar na Eternidade.

Depois do primeiro slide, surgiu a mensagem das famílias após a subida dos três degraus.

Por fim, decidimos terminar o vídeo com uma mensagem dos cinco jogadores que ficaram de fora da lista final de inscritos. A ideia era a de que estes incentivassem os colegas a aproveitar a "oportunidade" de uma vida que estavam a ter naquele momento. Acima de tudo, queríamos provocar um sentimento de gratidão nos jogadores, pela chance de estar novamente naquele palco. Sabemos que quando somos gratos, coisas boas acontecem. Para nós, é a lei da atração.

O sétimo e último passo aconteceu já no vestiário, antes da final. A colocação de uma imagem das famílias com a seguinte mensagem: "Por ti. Por nós. Por eles."

Antes e durante o Mundial, fomos questionados a respeito das declarações de outros treinadores sobre nossa equipa – mais especificamente, se isso foi abordado na preparação mental dos jogadores. Poucas vezes, o Abel respondeu a esse tipo de comentários e menos vezes ainda usamos eventuais declarações para motivar os nossos atletas. Não faz parte da nossa filosofia como comissão nem da personalidade do Abel como treinador. E acrescentamos: a melhor resposta é (quase) sempre dada dentro das quatro linhas.

A PREPARAÇÃO ESPORTIVA

Desde que se reapresentaram para a temporada de 2022, nossos jogadores foram submetidos a uma rotina de preparação técnico-tática, física e mental sem precedentes. Com as duas competições mais importantes do semestre sendo decididas nos dois primeiros meses de trabalho, não dispúnhamos do tempo de adaptação normal de um início de temporada: afinal, o ápice lhes seria exigido de imediato. Tivemos sessões de treino até mesmo no avião, durante a viagem para Abu Dhabi. Essa demanda extrema de esforço, foco e concentração causaria evidentemente um desgaste muito grande, cujo impacto e cujas consequências – a médio ou mesmo curto prazo – seriam totalmente imprevisíveis e fugiriam do nosso controle. Mas não havia outra opção além de esticar a corda desde o início. Necessitávamos dos jogadores em seu melhor, sim ou sim, para os primeiros desafios da época.

Isto nos remete à relação de inscritos para o Mundial, definida pelo Abel já nos Emirados Árabes Unidos. Levamos no total 29 jogadores para a competição, mas as regras do torneio nos permitiam inscrever apenas 23: portanto, 6 nomes ficariam de fora da lista final. Por mais difícil que fosse essa decisão – afinal, sabemos o tamanho do impacto que ela gera na vida de nossos atletas –, os critérios de escolha foram simples e fáceis de entender. Afinal, são exatamente os mesmos critérios que nos guiam quando fazemos uma convocação ou quando escolhemos um onze inicial. A saber: (1) Covid, (2) rendimento ATUAL, (3) estratégia e (4) comportamentos. O Gabriel Veron e o Vinícius foram excluídos da lista por questões de Covid; os restantes, portanto, ficaram de fora por, essencialmente, rendimento atual e estratégia.

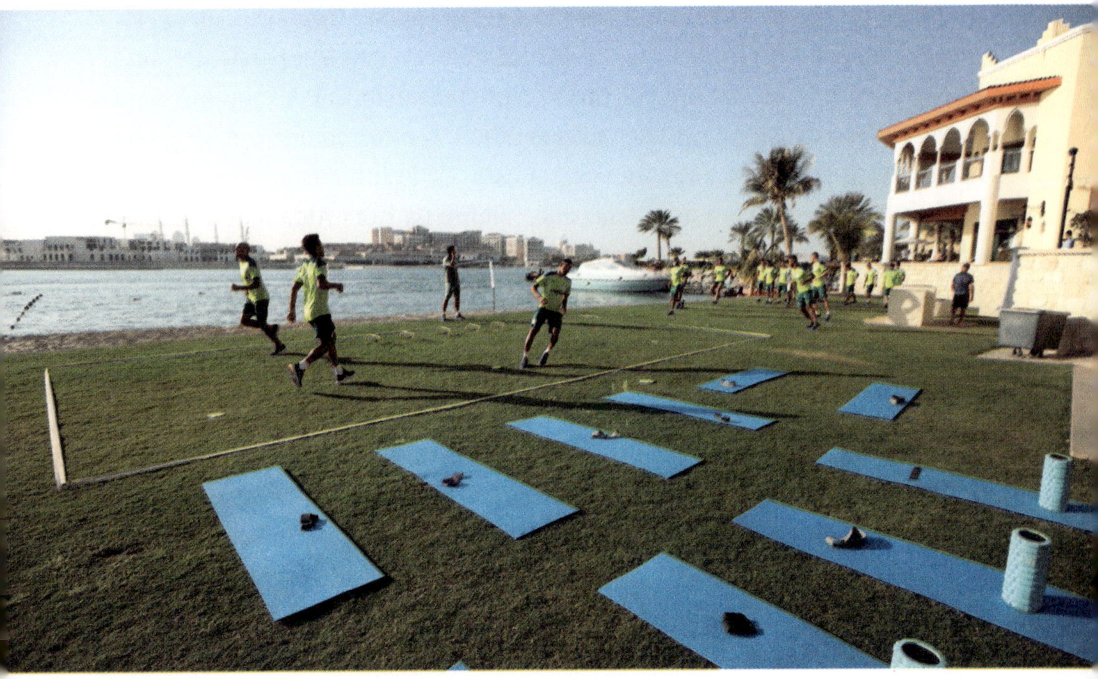

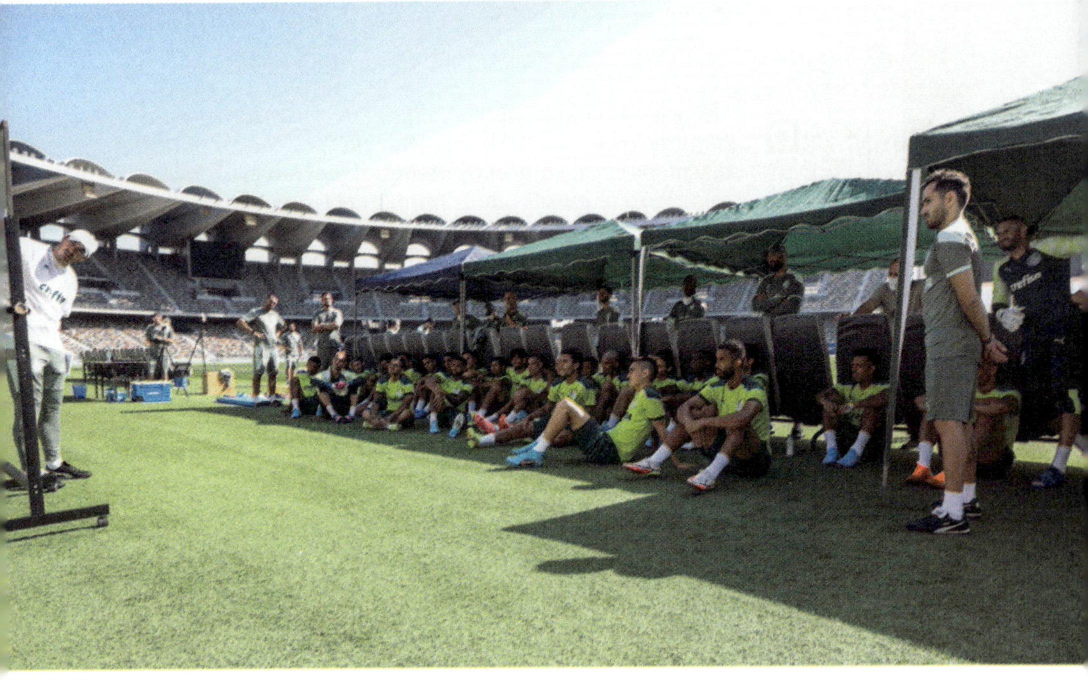

Essas razões ficaram muito claras para todos os jogadores, uma vez que o Abel fez questão de anunciá-las olhos nos olhos, em particular para aqueles que ficaram de fora por opção e não por doença. Por mais que para os atletas em causa esta situação fosse difícil, o mínimo que o Abel podia fazer era explicar-lhes a decisão cara a cara. Cada um dos jogadores lidou de forma diferente com a notícia; mas, diante da honestidade e da transparência com que o treinador abordou o assunto, todos eles o fizeram de forma muito respeitosa.

Neste momento, na sala de reuniões do hotel em Abu Dhabi, algumas lágrimas foram derramadas. Não só do Abel e dos jogadores que ficaram de fora da relação de inscritos, como também de todas as outras pessoas ali presentes, que por um tempo se imaginaram vivendo aquela situação. Acreditamos que uma das coisas mais difíceis nas relações pessoais e profissionais é a capacidade de calçarmos os sapatos uns dos outros e, ainda, caminharmos com eles. Quando nos colocamos no lugar do outro, tornamo-nos mais sensíveis e não descredibilizamos o lado humano que nos caracteriza. Afinal, as relações humanas são tudo o que temos. Caso contrário, vivemos em solidão.

VÍDEO: ANÚNCIO DA RELAÇÃO DE INSCRITOS PARA O MUNDIAL

"Hoje vou ter que deixar alguns de fora. Juro-vos: é mais duro para mim subir as escadas pra chegar aqui e dizer-vos isto do que enfrentar qualquer adversário que seja. Porque eu sei que a minha decisão aqui implica diretamente o vosso futuro. Mas eu só tenho uma forma de enfrentar esse medo: é com coragem e com verdade. E as minhas decisões são sempre tomadas fazendo uma pergunta: o que é melhor para a equipa?"

Abel Ferreira

Viajamos para o Mundial ainda sem adversário definido. Sabíamos, porém, que o nosso adversário sairia do confronto entre Al Ahly e Monterrey e começamos por analisar essas equipas. Além destas, começamos também a preparar a análise da final, que acreditávamos ser contra o Chelsea ou o Al Hilal – mesmo que o Al Hilal ainda tivesse que disputar outra eliminatória prévia.

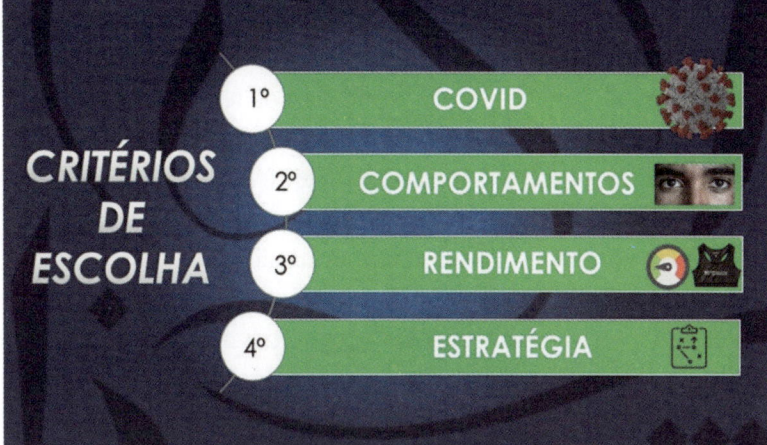

Fomos ao estádio para analisar *in loco* esses adversários – algo que com a pandemia (e nos meses seguintes de pós-pandemia) havia deixado de ser possível. Na partida Monterrey x Al Ahly, o time mexicano teve o controlo da bola, mas o time egípcio teve o controlo do jogo. Sim, é possível controlar o jogo sem a bola: sua posse não é condição sine qua non para ganhar uma partida – marcar mais golos que o adversário, isso sim o é. Por isso, nossos critérios de rendimento englobam as finalizações, os cruzamentos e as recuperações. Como diz o Abel, a posse de bola é uma ferramenta para chegar à baliza do adversário em ataque posicional e fazer gols. Caso possamos chegar lá em 7 passes, para que fazer 14? O jogo e os jogadores ditam a necessidade. Afinal, o jogo de futebol (ainda) pertence aos jogadores...

Antes dessa partida, as casas de apostas e os espectadores em geral previam uma vitória "fácil" do Monterrey, não só por ter tido maior tempo de preparação para o Mundial, como também por ter valor de mercado de elenco muito superior. Mas o futebol já nos ensinou que isso pouco ou nada vale e que tudo é possível! Basta acreditar e ter fé...

A observação *in loco* desse duelo, do ponto vista tático, acabou por servir apenas para confirmar a análise que tinha sido feita anteriormente. No entanto, do ponto de vista mental e de atmosfera, conseguimos obter informações bastante úteis. A começar pela postura dos atletas, que fica evidente nos cumprimentos, na comunicação verbal e não verbal, na ajuda mútua durante o jogo... Estes são elementos passíveis de captar numa análise *in loco* e que raras vezes as TVs conseguem registrar e transmitir. Além disso, percebemos a numerosa presença dos torcedores do Al Ahly em Abu Dhabi, cantando e apoiando bastante seu time. Isso nos fazia antever um jogo dificílimo contra uma verdadeira equipa (no real sentido da palavra).

Assim que se confirmou o duelo Palmeiras x Al Ahly nas semifinais do Mundial de Clubes, os meios de comunicação e as redes sociais falaram em uma suposta vantagem para nós, por conta do possível desfalque de seis jogadores do Al Ahly que estavam a serviço do Egito na final da Copa Africana de Nações. De nossa parte, porém, acreditamos que enfrentar um adversário desfalcado não seja sinônimo de um jogo mais fácil. A equipa pode até ficar com menos qualidade técnica, mas a experiência nos diz que aqueles que entram compensam essa diferença com intensidade e competitividade

Pré-Análise dos Adversários

- CF Monterrey
- Al Ahly SC
- Chelsea FC
- Al Hilal FC

*Análise atualizada à data de 01/02/2022

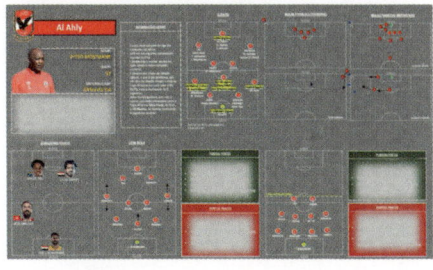

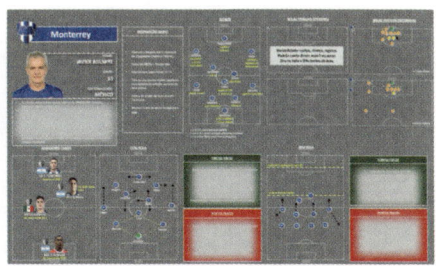

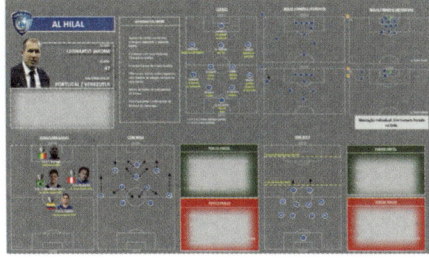

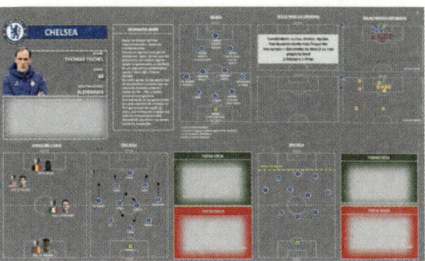

de jogo. Os substitutos acabam por entregar 200% de si, tornando a partida tão e por vezes até mais difícil.

Pela análise que tínhamos feito, antecipamos que o Al Ahly poderia atuar em dois sistemas: 1:5:4:1 sem bola, ofensivamente passando a 1:3:4:3, ou então no 1:4:2:3:1. A partida contra o Monterrey acabou por confirmar que os egípcios se apresentariam no Mundial de Clubes no primeiro sistema: 1:5:4:1 sem bola/1:3:4:3 com bola, e com dois volantes na frente dos zagueiros. Pelas caraterísticas dos três jogadores da frente, sabíamos de antemão que o meia-atacante do lado esquerdo e o centroavante teriam muita mobilidade e não esperariam pela bola na posição.

Então, dedicamos 80% dos treinos para defrontar uma linha de 5 e 20% para uma linha de 4. Isso porque há diferenças significativas ao enfrentar um ou outro: um sistema permite ter mais espaços em determinadas zonas e o outro dá-nos espaço em outras zonas.

A regra do Abel é mostrar aos atletas a equipa inicial apenas na preleção do dia do jogo, geralmente duas horas antes do início da partida. A exceção que normalmente utilizamos em duelos decisivos é revelar a equipa inicial nos treinos anteriores a esse jogo. Mas nem nesses momentos deixamos de reforçar a necessidade de todos estarem preparados para jogar. Por isso mesmo, na preleção da partida contra o Al Ahly, o Abel fez questão de falar do "banco de titulares". Para nós, não existem reservas; existem sim joga-

dores que começam no banco, mas que têm de estar prontos para entrar no jogo e ajudar a equipa a qualquer tempo.

Depois de mostrar a equipa inicial e o banco de titulares, o Abel fez um resumo da estratégia que treinamos durante a semana de treinos – e falou da expectativa de todos para a estreia.

VÍDEO: PRELEÇÃO PALMEIRAS X AL AHLY (MUNDIAL – SEMI)

"Não há maneira de essas borboletas passarem, hein? Depois começas a se habituar. Faz parte. Eu entendo querer que elas vão embora, mas temos que aprender a conviver com elas. Respirem fundo, deixem as borboletas baterem na medida certa. Aceitem. E entrem dentro de campo e foquem só nas nossas tarefas. Elas são claras. É fazer o que é preciso para a equipa. Não é o que eu quero, é o que é preciso. Foco na tarefa. Controle emocional. Mais do que o jogador, é o homem que existe dentro de cada um de vocês."

Abel Ferreira

Ao final da preleção, iniciamos a viagem para o estádio.

Verdade seja dita: a ausência de música no ônibus confirmava as "mariposas na barriga". Que, como o Abel referiu, é algo natural e que todo jogador, treinador, profissional e torcedor sente antes dos grandes jogos. Afinal, é muito mais o que nos une do que aquilo que nos separa.

Na chegada ao estádio, tivemos uma surpresa para a qual já nos tinham avisado: nossa torcida ocupava mais da metade do estádio. Uau! O comparecimento dos adeptos para nos apoiar no outro lado do mundo foi um estímulo extra, que sentimos com força durante o período de aquecimento no relvado. Eles disseram "presente" – e agora era nossa vez de fazermos o mesmo dentro de campo.

O jogo começou.

O adversário se apresentou no 1:5:4:1 defensivo/1:3:4:3 ofensivo que esperávamos. O bloco médio-baixo também confirmava que eles tentariam usar o "veneno" da transição ofensiva contra nós.

Tivemos domínio e controle durante praticamente toda a primeira parte. O Al Ahly apenas chegou ao nosso terço defensivo por meio de uma falta la-

teral, de um escanteio e de dois remates de fora de área nos últimos minutos da etapa inicial.

Ofensivamente, porém, nossa posse de bola não se traduziu no mais importante: finalizações e cruzamentos. Os poucos cruzamentos que tivemos, pelos quais chegamos à área adversária, aconteceram do nosso lado esquerdo; assim, um dos aspectos a melhorar para a segunda parte seria a produção ofensiva do nosso lado direito também. Além disso, estávamos com dificuldades em penetrar nas duas linhas de 5+4 jogadores do Al Ahly.

Defensivamente, alternamos momentos de pressão alta com momentos de pressão média (servindo ao adversário o mesmo "veneno"). Além disso, nossa pressão pós-perda e a prevenção à perda da bola foi determinante para conseguirmos parar as transições do adversário e manter o controle do jogo.

O golo marcado aos 38'48'' surgiu de uma pressão alta no meio-campo adversário: após recuperarmos a bola, conseguimos sair em transição pelo lado contrário.

Intervalo. 1x0 a favor. Estávamos a um tempo do nosso primeiro objetivo.

A segunda parte começou logo com o 2x0. O cronômetro assinalava 48'17'' quando, mais uma vez numa recuperação de bola, conseguimos sair em transição pelo lado contrário e aumentamos a vantagem. A semelhança dos golos, em termos de ideia, deixou-nos felizes e satisfeitos pelo trabalho realizado e pela forma como os jogadores acreditaram em nossas ideias.

Após o golo sofrido, o Al Ahly fez duas substituições. Apesar de ter mantido inicialmente a estrutura tática, pouco tempo depois passou para 1:4:2:3:1/1:4:3:3. Como já estávamos à espera desse possível plano B, bastou um sinal do Abel para o Raphael Veiga a fim de fazermos o ajuste tático necessário. Uma curiosidade: no momento em que o Abel iniciava o movimento do sinal, o Veiga já respondeu positivamente com a mão, antes mesmo de o Abel ter terminado o gesto. Isto demostrava o foco e a concentração dos jogadores, que haviam percebido a mudança tática do adversário por eles próprios. Como tínhamos previsto inicialmente, o Veiga também já tinha a solução na cabeça.

Depois do 2x0, o jogo foi completamente diferente. Nossa equipa baixou as linhas para um bloco médio, e o Al Ahly, que precisava correr mais riscos, começou a ser mais agressivo, a ter mais posse de bola e a chegar mais vezes à nossa área defensiva. Nós não conseguimos ter bola, quer em jogadas apoiadas quer em transições. Por esse motivo, começamos a ser empurrados para trás.

Tentamos ajudar os jogadores com substituições que nos dessem opções diferentes, e até acabamos por melhorar um pouco.

O jogo acabou com alguns momentos de tensão na nossa área. Mas conseguimos manter a baliza a zero. A tão desejada consistência defensiva, aliada à qualidade do nosso ataque, permitiu-nos alcançar a tão almejada final do Mundial de Clubes.

Se por um lado, nesse momento, surgiu a felicidade por termos conseguido o primeiro objetivo (estar na decisão), rapidamente fomos invadidos pelo sentimento de começar a preparar a final do Mundial que seria jogada em poucos dias. Faltava apenas definir o adversário: Chelsea ou Al Hilal.

Em nossa pré-análise, fizemos um filtro muito grande daquilo que eram ambas as equipas; já tínhamos, portanto, a informação necessária de cada uma delas. Nesse processo, contamos com algumas vantagens. O Chelsea era uma das equipas-referência, com um treinador-referência (Thomas Tuchel), que acompanhamos semanalmente durante o ano, dentro da lista de *top teams* e *top coaches* que fazemos questão de analisar para aprender e evoluir. Já o Al Hilal era uma equipa orientada por um técnico português que conhecíamos bem: na altura que o Abel orientava o Sporting CP "B", o Leonardo Jardim era o comandante do Sporting CP "A" - ou seja, foi um ano de trabalho em que o Abel acabou por beber das ideias desse treinador.

Mais uma vez, fomos analisar *in loco* esse jogo. O Chelsea apresentou-se no 1:3:4:3 que viria a jogar contra nós, e o Al Hilal no 1:4:2:3:1 ofensivo/1:4:1:4:1 sem bola. No final, a vitória foi do time inglês - e enfim chegara o momento de começar a pensar nesse jogo de forma estratégica.

A análise deste oponente foi bem mais profunda do que qualquer outro, em qualquer final anterior. Isto porque este era um adversário cujo treinador dispunha de uma panóplia de sistemas em que poderia jogar. Além disso, nossa experiência anterior de defrontar um treinador alemão da mesma escola (Julian Nagelsmann) acabou por ser muito útil na seguinte conclusão: independente do sistema em que sua equipa começasse a partida, durante o jogo, se as coisas não estivessem a correr como o pretendido, ele fatalmente iria mudar de sistema - quantas vezes fossem necessárias. Ou seja, era importante estarmos preparados não só para aquilo que seria o confronto de sistemas no início, como também para outros confrontos durante a partida. Dentro de um jogo de futebol podemos ter "vários jogos" - este seria um belo exemplo disso!

Por isso mesmo, nossa preparação para este duelo foi complexa. Sabíamos que enquanto equipa técnica tínhamos que dar respostas imediatas aos problemas que poderiam nos ser colocados durante a partida pelo treinador do Chelsea - ou mesmo pelos próprios atletas adversários, através do seu entendimento do jogo.

Para ajudar nossos jogadores a também compreender os diferentes problemas, tivemos de treinar ajustes táticos contra os diferentes sistemas. Não os treinamos de forma repetitiva, mas sim de forma explicativa. Fizemos um exercício no centro do gramado que consistia numa combinação de gestos do Abel com os atletas; com os dedos, ele podia sinalizar os números "4" e "5", cabendo aos jogadores alterar o posicionamento a cada um desses sinais. O posicionamento tinha sido combinado previamente na reunião antes do treino.

À medida que o tempo passava, as borboletas batiam cada vez mais rápido na barriga. Por mais que nos habituemos à presença em decisões, em todos os momentos sentimos a tensão. É ela que nos deixa em alerta e em modo competitivo.

Enfim, chegou o dia da grande final.

Por mais que tentássemos encarar o dia com a mesma normalidade das outras finais, não era um dia como os outros nem uma final igual às outras. Era uma final com a maior dimensão de todas: a final do Campeonato Mundial de Clubes. Mas havíamos conquistado o direito de estar ali e tínhamos total confiança em nossa capacidade de lutar pelo resultado – algo que era visível na linguagem corporal de todos os jogadores, e que o Abel também fez questão de lembrar em sua preleção antes do jogo.

VÍDEO: PRELEÇÃO PALMEIRAS X CHELSEA (MUNDIAL – FINAL)

"Chega uma altura que eu já não sei mais o que dizer. Criamos algo aqui que eu não consigo explicar. Consigo sentir. E nunca havia sentido – nem como jogador, em clube nenhum por onde passei, nem como treinador. O sentimento que eu tenho é um orgulho enorme. Tenho orgulho de vocês, tenho orgulho de ser vosso treinador. Confio em vocês. Não chegamos aqui nem por sorteio, nem por sermos filhos de príncipes. Chegamos aqui por mérito. Lembrem-se só por um instante onde todos nós começamos. Hoje é só preciso isto: desfrutem do momento. Aqui e agora. Não pensem o que vai acontecer depois, nem o que aconteceu antes. Desfrutem."

Abel Ferreira

Quando chegamos ao estádio e fomos fazer o habitual reconhecimento do gramado para sentir o ambiente, tivemos um *déja vù*. Tal como na semifinal, nossa torcida dizia "presente!". Mais do que a quantidade, era impressionante a força e a confiança que transmitiam. Estar ali era um momento especial para eles e para nós também.

Terminado o aquecimento, voltamos para o vestiário. Últimas palavras dos jogadores e do treinador. Agora, começava a nossa luta!

O árbitro apitou o começo do jogo... e as borboletas desapareceram.

O Chelsea apresentou-se no 1:3:4:3 que esperávamos. Por mais que tivesse feito algumas alterações de jogadores face à semifinal, o adversário conservou os mesmos comportamentos e o seu sistema tático mais utilizado. Equipas de autor, como é esta do Chelsea, não são influenciadas pelas mudanças de jogadores: independentemente de quem joga, a grande ideia coletiva se mantém.

Aos 2', já tínhamos um cruzamento perigoso para cada lado.

Aos 3'48'', o primeiro remate – e foi nosso. Depois de uma posse de bola que fomos à esquerda e voltamos à direita, conseguimos criar uma situação de vantagem posicional no corredor, levando 2 dos 3 zagueiros do Chelsea para o corredor lateral. Após o cruzamento do Rony, o Danilo ganhou o rebote e finalizou de fora da área. O zagueiro adversário desviou. Escanteio a nosso favor.

O jogo prosseguiu e o Chelsea passou a ter mais controle da bola. Com nosso encaixe defensivo, raramente ficamos expostos nesse setor; no entanto, devido aos duelos 1x1, cometemos duas faltas no meio-campo defensivo – permitindo, nesse tipo de lance, que o Chelsea chegasse mais perto da nossa baliza.

Aos 16'52'', depois de uma falta lateral ofensiva, cobrada pelo Scarpa, conseguimos ganhar o rebote e o Dudu cruzou para a área. Ali, não conseguimos aproveitar uma situação de 3x2 em cima dos zagueiros adversários. No rebote dessa bola, voltamos a finalizar e tivemos o 3º remate a nosso favor.

Ao 18', devido à queda de um jogador no relvado, aconteceu uma paralisação do jogo. Nesse momento, ao vermos a comunicação dos jogadores do Chelsea, sentimos que os próprios atletas já tentavam arranjar soluções para fugir ao encaixe defensivo que estávamos executando. Além deles, o técnico Thomas Tuchel já havia chamado dois jogadores ao banco para dar instruções táticas (Andreas Christensen e Mason Mount), além das habituais instruções para os jogadores mais perto dele, como César Azpilicueta). Nesse momento, sentimos que algo de diferente poderia acontecer e ficamos em estado de alerta para possíveis alterações.

Aos 23'30", aconteceu nossa 4ª finalização. Depois de um tiro de meta em que escapamos bem da pressão adversária, saímos do corredor direito e fizemos a virada para a esquerda, onde encontramos o Dudu em posição de 1x1 contra o zagueiro – o lateral adversário, porém, foi rápido a fazer cobertura defensiva, tornando assim 2x1. Com a sua qualidade técnica, o Dudu conseguiu desequilibrar a ação e finalizou num remate que saiu perto do gol.

Aos 26'56", tivemos a grande oportunidade de fazer o primeiro golo no jogo. Num roubo de bola por meio de pressão defensiva que havíamos treinado (deixar que o zagueiro do meio forçasse o passe interior no centroavante e recuperarmos a bola nessa pressão), conseguimos chegar à área adversária. Em posição clara de golo, o Dudu finalizou ao lado. O 5º remate do jogo tinha sido, até ao momento, nossa melhor oportunidade.

Aos 28'40", novamente após um tiro de meta em que saímos da pressão do adversário, chegamos à área adversária, mas não conseguimos finalizar uma ação de 3x3 – não conseguimos encontrar o Rony completamente sozinho na direita.

Eis que, aos 30'54", Thomas Tuchel fez sua primeira substituição. Ao trocar o Mason Mount pelo Christian Pulisic, o treinador alterou também a estrutura tática ofensiva, passando do 1:3:4:3 para o 1:3:5:2 (com a subestrutura intermédia 2:1). Já havíamos antecipado essa alteração e preparado nossos jogadores para ela, conseguindo ajustar imediatamente.

Até o final do primeiro tempo, o Chelsea finalizou várias vezes, quase sempre através de faltas e escanteios. Em organização, foram poucas as vezes que o conseguiu. De nossa parte, tivemos novamente uma situação de 3x3 ofensivo; mais uma vez, contudo, não conseguimos encontrar o Rony completamente sozinho na direita.

Um dado estatístico a atestar a qualidade de nosso desempenho ofensivo e defensivo no primeiro tempo são os Expected Goals[2]. O Palmeiras teve um

---

2 Expected Goals (sigla: xG) é um dado estatístico que indica a probabilidade de uma determinada finalização resultar em golo. Ele é resultado do cruzamento da análise de diversas variáveis – local e ângulo da finalização, tipo de arremate (chute ou cabeceio, por exemplo), posição do goleiro, número de defensores, entre outros – com o histórico de uma base de dados gigantesca, que classifica cada remate de 0 (nenhuma chance de resultar em gol) a 1 (a efetiva marcação do golo). Somando todas as finalizações de um time dentro de uma partida, obtém-se o número de Expected Goals – ou quantos golos esse time, em tese, "deveria" ter marcado. É, portanto, um indicador de performance, que vem sendo cada vez mais usado como ferramenta avançada de análise de desempenho.

valor de 0.70 e o Chelsea de 0.33 - o que indica que, pelas chances criadas, tivemos o dobro da probabilidade de fazer golo do que o Chelsea.

O primeiro tempo terminou e o ambiente no vestiário era muito positivo. O Abel reforçou apenas comportamentos táticos a manter e apelou às capacidades volitivas para encarar o 2º tempo da forma que queríamos. Taticamente, estávamos bem; agora tínhamos de ser consistentes na nossa mentalidade competitiva.

O 2º tempo começou.

No início, o Chelsea conseguiu exercer superioridade sobre nós, com mais posse de bola e controle do terreno. Quase todos os ataques, em bola rolando ou em bola parada, surgiam a partir de seu lado esquerdo (nosso lado direito). No entanto, por mais que tivessem a bola e o controlo do terreno, praticamente não finalizavam. Novamente, conseguiam rematar apenas de fora da área. Da nossa parte, não estávamos a criar situações de finalização de nenhuma forma - organização, transição, bola parada ou qualidade individual dos jogadores. Isso nos preocupava.

Aos 53'58'', deu-se o primeiro golo do jogo, por parte do Chelsea. Novamente, por meio de um ataque em seu lado esquerdo (nosso lado direito), e fruto de um duelo defensivo perdido no meio campo, o adversário conseguiu chegar à zona de cruzamento; a bola foi alçada à área e aconteceu o 1x0.

Sofremos o golo numa situação em que estávamos bem posicionados para neutralizar esse ataque (defesa da área num cruzamento na zona do "buraco"). Isto comprova uma teoria em que acreditamos. Por mais que estejamos bem posicionados e em igualdade/superioridade numérica, há uma variável que tem ainda mais impacto: a qualidade dos jogadores. Em outras palavras, é a superioridade qualitativa. Neste golo sofrido, existe mais mérito do adversário do que demérito da nossa defesa. Saber reconhecê-lo é um ponto de partida para melhor entendermos o jogo de futebol e não crucificarmos jogadores/treinadores por determinadas situações.

O golo foi um balde de água fria para nós. Por mais que soubéssemos de nossa capacidade de reverter a situação, em nossas cabeças estava o fato de querer marcar primeiro. Nossas expectativas haviam sido frustradas, mas isso não nos tiraria a vontade e o desejo de ir atrás de nosso propósito.

Tanto que, nos minutos seguintes ao golo, quando ainda não estávamos recompostos emocionalmente, criamos uma grande oportunidade. Aos

57'22', Dudu, em situação clara de marcar, não conseguiu finalizar, após adiantar a bola no domínio. Muito mérito para o Antonio Rüdiger, zagueiro do Chelsea, que foi rapidíssimo a atrapalhar a ação do Dudu; e também muito mérito para o Édouard Mendy, goleiro adversário, que estava aproximadamente 11 metros à frente da linha de golo, prontíssimo a interceptar uma possível finalização. Os goleiros do futebol moderno têm a função do líbero de antigamente! Precisam cobrir o espaço na profundidade das costas da linha defensiva. E ele conseguiu.

Aos 60'37", depois de uma incursão pelo lado direito, tivemos um arremesso lateral. Como todos os arremessos laterais na "zona do buraco", treinamo-la como uma bola parada ofensiva. Foi isso que fizemos no lance do pênalti. Rocha pega a bola na mão, Gómez (o nosso zagueiro com maior capacidade de disputa aérea) vai para a área e fazemos um posicionamento de ataque à bola de 1+3: a primeira bola é disputada por 1, e a segunda bola é disputada por 3. Na sequência do arremesso lateral longo, e no momento de disputa da primeira bola por parte do Gómez, o zagueiro adversário toca a bola com a mão. O árbitro não viu a ação, mas o VAR cumpriu sua missão fundamental: a tecnologia de vídeo só deve ser usada para corrigir erros claros e incidentes não vistos que podem mudar o rumo do jogo.

Desde o momento em que o árbitro decidiu visualizar a imagem, passaram-se somente 16 segundos até a tomada da decisão final. Um exemplo de como agir/intervir.

Assinalado o pênalti a nosso favor, coube ao Raphael Veiga a cobrança. Por sinal, um jogador que jamais havia falhado um pênalti com a camisa do Palmeiras até então. Aos 63'31", o Veiga bateu e anotou o empate: 1x1. Praticamente 10' depois do golo do Chelsea, demonstrávamos a capacidade de reação às adversidades e a atitude mental que nos carateriza enquanto equipa e também enquanto profissionais de futebol e homens.

Este momento de total euforia teve de ser contrastado pela "calma" que o Abel e os jogadores mais experientes tentaram passar para todo o grupo. Havíamos empatado o jogo, mas agora faltava o mais difícil: a virada.

Aos 77'28", o Chelsea fazia duas substituições, e nós também fazíamos duas. Desde o golo até este momento, contavam-se duas finalizações para o time inglês e uma para o Palmeiras. Depois do nosso golo, o momento de confiança levou-nos a estar por alguns minutos mais próximos da área do

CABEÇA FRIA, CORAÇÃO QUENTE

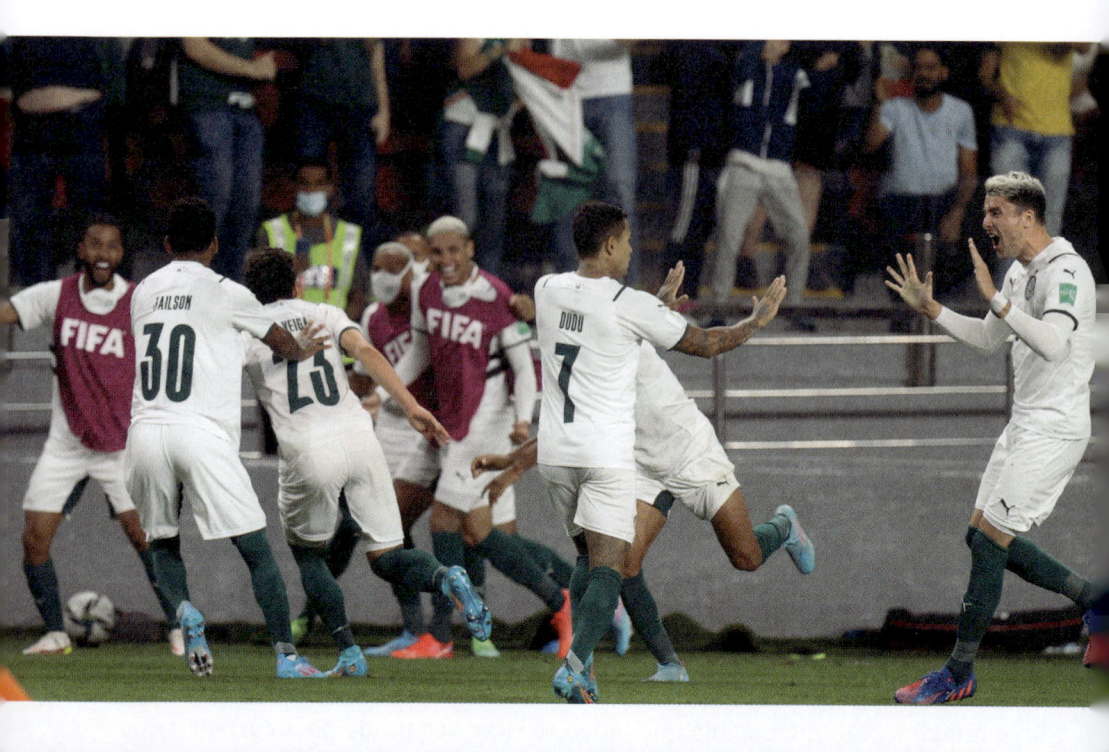

Chelsea – mas a reação do adversário foi praticamente imediata, conseguindo equilibrar o jogo.

Com as substituições, o Chelsea manteve a mesma estrutura e alterou somente as caraterísticas dos jogadores. Por mais que façam a mesma posição de centroavante, Romelu Lukaku e Timo Werner dão ao jogo dinâmicas diferentes.

Até o final, nenhuma das equipas teve alguma oportunidade relevante de marcar. O Chelsea finalizou uma vez e, mais uma vez, de fora de área, sem acertar o gol.

Aos 95', o árbitro apitou o final do tempo regulamentar.

Naquele tempo de intervalo, mais uma vez o Abel não teve necessidade de fazer ajustes táticos, uma vez que o jogo, nesse ponto de vista, estava a ser praticamente perfeito. Ele procurou passar mensagens de gratidão e motivação, pedindo aos nossos jogadores para encarar os próximos trinta minutos como uma oportunidade para alcançar nosso máximo objetivo.

A prorrogação começou.

E com o início do tempo extra, veio mais uma mudança estrutural na equipa do Chelsea. Entramos preparados para enfrentar qualquer um dos quatro sistemas que seu técnico havia utilizado naquela temporada: havíamos treinado nossos atletas para o encaixe em todos eles. Com a entrada do Hakim Ziyech e do Ismaila Sarr, o Chelsea passou do 1:3:5:2 para o 1:4:3:3 – com os pontas bem abertos (Ziyech e Werner, que com a mudança de sistema tático passou de centroavante para ponta), um centroavante de apoio (Kai Havertz), meia-atacantes "rompedores" e com chegada a área (Pulisic e Saúl Ñíguez), um volante de equilíbrio (N'Golo Kanté) e atrás uma linha defensiva de 4 jogadores (Azpilicueta, Christensen, Rüdiger e Sarr). Neste sistema, sabíamos que eles potenciariam as ações de 1x1 dos pontas bem abertos, bem como os triângulos dos corredores (lateral-meia--atacante-ponta).

O tempo extra foi terrível para nós. Foi a pior parte do nosso jogo. Fisicamente, quebramos muito, enquanto nosso adversário manteve a toada, talvez por estar habituado a este tipo de jogo num gramado tão rápido. Taticamente, começamos a perder nossos duelos defensivos e a chegar tarde aos encaixes de marcação. Tecnicamente, não conseguíamos ter o discernimento necessário para fazer o simples. Mentalmente, íamos sofrendo a cada minuto que passava, porque estávamos a ser empurrados cada vez mais para trás, em direção ao nosso gol. Tal como num combate de boxe, o nosso adversário acertava-nos com sucessivos "pequenos golpes" que nos faziam perder a capacidade mental de aguentar os golpes seguintes.

Não conseguíamos ter a bola, não conseguíamos transitar e não conseguíamos defender devidamente. Quando assim é, ficamos muito mais perto de sofrer o golo. Apesar disso, e ainda que o Chelsea nos empurrasse cada vez mais para trás, o adversário finalizou apenas duas vezes no prolongamento: uma fora de área e uma dentro de área, ambas por cima do gol. A jogada de maior perigo acabou por ser uma situação em que, após o corte de um jogador nosso, a bola tocou num outro jogador nosso e bateu na trave...

Aos 113'02'', o lance fatal. A partir de um escanteio e após um ressalto nas costas do nosso jogador, um adversário finaliza ao gol muito perto de um defensor nosso, e a bola bate em sua mão. Um remate feito à distância de um metro, e que acaba por bater na mão...

De novo, e num lance muito rápido, o árbitro não assinalou – mas o VAR atuou (devidamente) e chamou o árbitro para visualizar a imagem. Apenas 10 segundos depois de começar a ver, o árbitro tomou a decisão e (infelizmente mas justamente) assinalou o pênalti a favor do Chelsea.

Antes da conversão, um detalhe de liderança: o capitão de equipa Azpilicueta pegou a bola e segurou-a, em cima da marca do pênalti, durante todo o tempo, tirando do foco das atenções e da confusão o seu habitual batedor (Havertz). Quando o árbitro dispersou todos os jogadores da marca do pênalti, o Azpilicueta entregou a bola ao Havertz, que certamente estava mentalmente preparado para bater.

Aos 116'30'', 2x1 para o Chelsea e as nossas esperanças frustradas...

Daí até ao término da partida? Muita alma e pouco discernimento, muito coração e pouca organização, muita vontade e pouca qualidade. E assim o tempo foi passando até o apito final do árbitro.

Como resumir este jogo de final em poucas palavras? Não era para ser...

Alcançamos mais um "vice", como se diz por aqui; ou, em outras palavras, ficamos com a medalha de prata, que corresponde ao segundo lugar. Ela não era a que desejávamos nem para a qual trabalhamos. Perdemos a medalha de ouro por detalhes – esses que também nos fizeram ganhar finais e conquistar títulos num passado recente.

"O segundo lugar é o primeiro dos perdedores", diz a máxima. No entanto, não podemos deixar que nossa própria ignorância desportiva nos retire o mérito de chegar ao segundo lugar numa competição tão importante como o Mundial de Clubes. Tal ignorância, para nós, é baseada na falta de compreensão de que há muitos tipos de sucesso. Para algumas equipes, evitar o rebaixamento numa liga nacional é uma grande vitória; para outras, o triunfo é chegar às oitavas de uma competição. Estar regularmente nas finais é um tipo de sucesso que muitas equipas gostariam de obter. Almejamos, claro, vencer decisões e conquistar títulos. Mas é justamente o êxito de presenças consecutivas e frequentes nas finais que nos aproxima cada vez mais do sucesso que pretendemos. Além disso, para nós o sucesso é fazer o máximo que podemos com o potencial que temos. No trabalho em equipe, devemos exigir de cada um o máximo que cada um pode dar.

Após a final, baseado nessa convicção e nessa forma de ser e estar, o Abel, à espera de subir ao pódio, reuniu todo o grupo de trabalho ainda no relvado. E disse:

48 CABEÇA FRIA, CORAÇÃO QUENTE

– Galera, custa muito perder assim, eu sei. Não foi o resultado pelo qual trabalhamos, eu sei. Mas não vou admitir que alguém retire a medalha de prata do pescoço. Custou-nos muito trabalho e dedicação para estar aqui e poder estar entre estas equipas. Vocês devem sentir orgulho no percurso que trilhamos e ter orgulho de tudo que fizemos. Orgulho! Eu vou beijar a minha medalha quando a receber. E espero que não a tirem, porque é um desrespeito para com o trabalho que fizemos para estar aqui. Vamos receber a medalha e vamos posar para a foto com a organização e a qualidade que nos caracteriza!

Vale destacar que, apesar do 2º lugar, tivemos dois jogadores entre os três melhores do torneio: Danilo e Dudu. Um reconhecimento individual de suas qualidades, mas também da qualidade da participação de nossa equipa no torneio.

Terminada a cerimônia de entrega das medalhas e dos troféus, fomos para os vestiários. Ali, começamos a procurar explicações para a derrota aos 115', e continuávamos a não encontrar. E ainda não a encontramos. Talvez um dia, mais tarde, possamos entender o porquê desse evento em nossa vida, e o que ele veio nos ensinar. Porque certamente nos ensinará muito.

E o que dizer dos nossos torcedores que marcaram presença naquele estádio? Absolutamente incrível. Se o jogo fosse apenas nas arquibancadas, teríamos ganho. Sentimos que jogamos em casa, tal foi o incentivo dos nossos adeptos no outro lado do mundo. Infelizmente, não pudemos repetir o que aconteceu em Montevidéu, onde vencemos no campo e nas arquibancadas. Ficam na memória os aplausos de gratidão no final do jogo: deles para com o nosso esforço dentro de campo, e nosso para com o apoio deles fora de campo.

*Grupo, união, organização, qualidade, alguma tristeza e muito orgulho...
Tudo traduzido numa fotografia só*

CURVA 1 51

Curva 2

No regresso ao Brasil, logo avistamos a segunda curva: a Recopa Sul-Americana, campeonato em duas mãos cuja primeira final seria disputada dentro de dez dias. Uma chance para "lamber as feridas", diriam alguns; para outros, um pretexto para deixar o Mundial para trás de uma vez por todas.

Quanto a nós, que não tínhamos sequer tempo de olhar no espelho "retrovisor" (isto é, observar para o que ficou para trás), encaramos como uma oportunidade de, junto a nossos jogadores, fazer história novamente. Iríamos em busca de mais um título internacional, um título que conquistamos o direito de disputar e que, por sinal, o Palmeiras ainda não possuía nas suas vitrines. Precisávamos, portanto, olhar para o "para-brisa": mirar à frente e focar toda a nossa atenção na próxima curva...

Na Recopa, teríamos pela frente o Athletico Paranaense, vencedor da Copa Sul-Americana, um clube extremamente organizado e com um elenco competente. E que, além disso, apresentava uma particularidade que nos trazia uma dificuldade extra na preparação. Diferentemente da maioria dos times brasileiros, o Athletico, por uma opção institucional, vinha usando o estadual como um teste para os jogadores sub-20. O time profissional, com a equipa considerada titular, entrara em campo em apenas duas partidas do Campeonato Paranaense, ambas em contextos muito diferentes do nosso. Faltavam-nos, portanto, referências para fazer a análise do adversário, que não pôde ser a mais completa possível.

Dessa forma, na preparação para este jogo, decidimos ignorar as características dos jogadores adversários e nos focamos nos sistemas que podíamos enfrentar (1:5:4:1/1:3:4:3 e o 1:4:2:3:1/1:4:4:2).

Ao mesmo tempo, no que diz respeito ao comportamento de nossa equipa, dedicamos especial atenção à preparação mental de nossos jogadores. Sabíamos – e sentíamos – que a dor da derrota do Mundial ainda era recente e se fazia de certa forma presente; porém, sabíamos também que novas disputas e novas vitórias nos fariam seguir em frente, concretizando nossos sonhos. Devíamos isso a nós mesmos.

E foi isto que procuramos lembrar aos jogadores, em duas ações. A primeira, ao apresentar a eles três frases e uma pergunta, cuja resposta, gravada em vídeo, serviu para compilarmos um clipe motivacional.

Um dia sonhamos ser profissionais de futebol, hoje estamos aqui.
Um dia sonhamos estar num clube vencedor, hoje estamos aqui.
Um dia sonhamos conquistar títulos, hoje estamos aqui.
Então, que conselho darias a ti próprio quando tinhas oito anos?

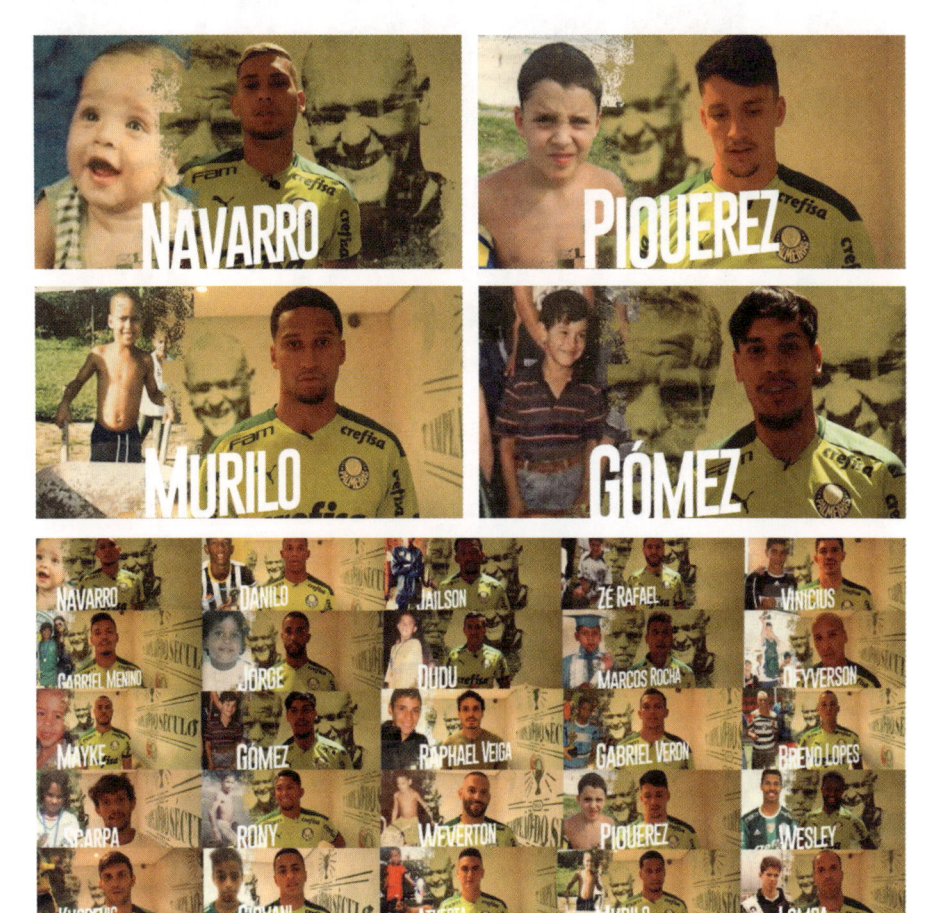

A segunda ação foi programada para acontecer imediatamente antes do jogo decisivo, já no vestiário do Allianz Parque. Colocamos, em molduras individuais, uma foto antiga de cada atleta, no começo de suas carreiras, ao lado de um espelho. Abaixo da foto, as seguintes orientações:

1º: Olha para esta foto.
2º: Olha para o espelho.
3º: O que dirias a este jovem sonhador para o jogo de hoje?

Sentimos que os jogadores gostaram da iniciativa, não só porque postaram espontaneamente nas redes sociais as imagens de seus espelhos e os dos colegas, como também pelo clima bastante descontraído que se presenciou no vestiário pré-jogo. Alguns ficaram ainda reflexivos...

Acreditávamos que esse *mindset* potencializaria nossos jogadores a encontrar dentro deles mesmos o setup (configuração) necessário para nos recolocar no caminho das conquistas. Em dois jogos, saberíamos se estávamos certos.

Para a primeira partida, Zé Rafael estava retornando de lesão e começaria o jogo no banco. Teríamos ainda o desfalque da dupla de zaga que estivera praticamente em todas as finais que disputamos anteriormente: Gustavo Gómez (por Covid) e Luan (por lesão). A ausência simultânea dos dois era rara em nossa equipa, uma vez que na sequência de finais desde 2020 – Libertadores, Copa do Brasil, Paulista, Recopa, Supercopa e Mundial – ao menos um deles estava no onze inicial, acompanhado ou não de um terceiro zagueiro. No entanto, sentíamos plena confiança no Murilo e no Kuscevic. Essa confiança advinha da qualidade com que eles treinavam e, principalmente, da segurança que passavam para a equipa nos momentos que eram chamados a jogar. Além disso, eles saberiam exatamente o que fazer com e sem bola, já que, para nós, não existem titulares/reservas nos treinos, como preconiza o Abel; por isso treinamos todos da mesma forma. E exigimos de todos a mesma coisa, como o Abel destacou na preleção.

> **VÍDEO: PRELEÇÃO ATHLETICO-PR X PALMEIRAS (RECOPA – FINAL – IDA)**
>
> *"Vou começar hoje com isto. 'É preciso exigir de cada um o que cada um pode dar.' É do livro 'O Pequeno Príncipe', um dos livros mais bonitos que eu já li. Isso é o que temos de exigir hoje e sempre, de forma consistente. Um hábito que tem que ser de mim pra ti, de mim pra vocês, de vocês pra mim, de nós para diretoria, da diretoria para mim, de nós para a estrutura, da estrutura para mim. É isto. É preciso exigir de cada um o que cada um pode dar. Não é mais. Já vos disse: eu não vou pedir a nenhum de vocês nada daquilo que vocês não podem fazer. Nada."*
>
> Abel Ferreira

A escalação do Athletico Paranaense apanhou-nos de surpresa: nossos oponentes vinham com cinco médios no time inicial. Neste tipo de momentos, temos princípios que nos guiam na tomada de decisão.

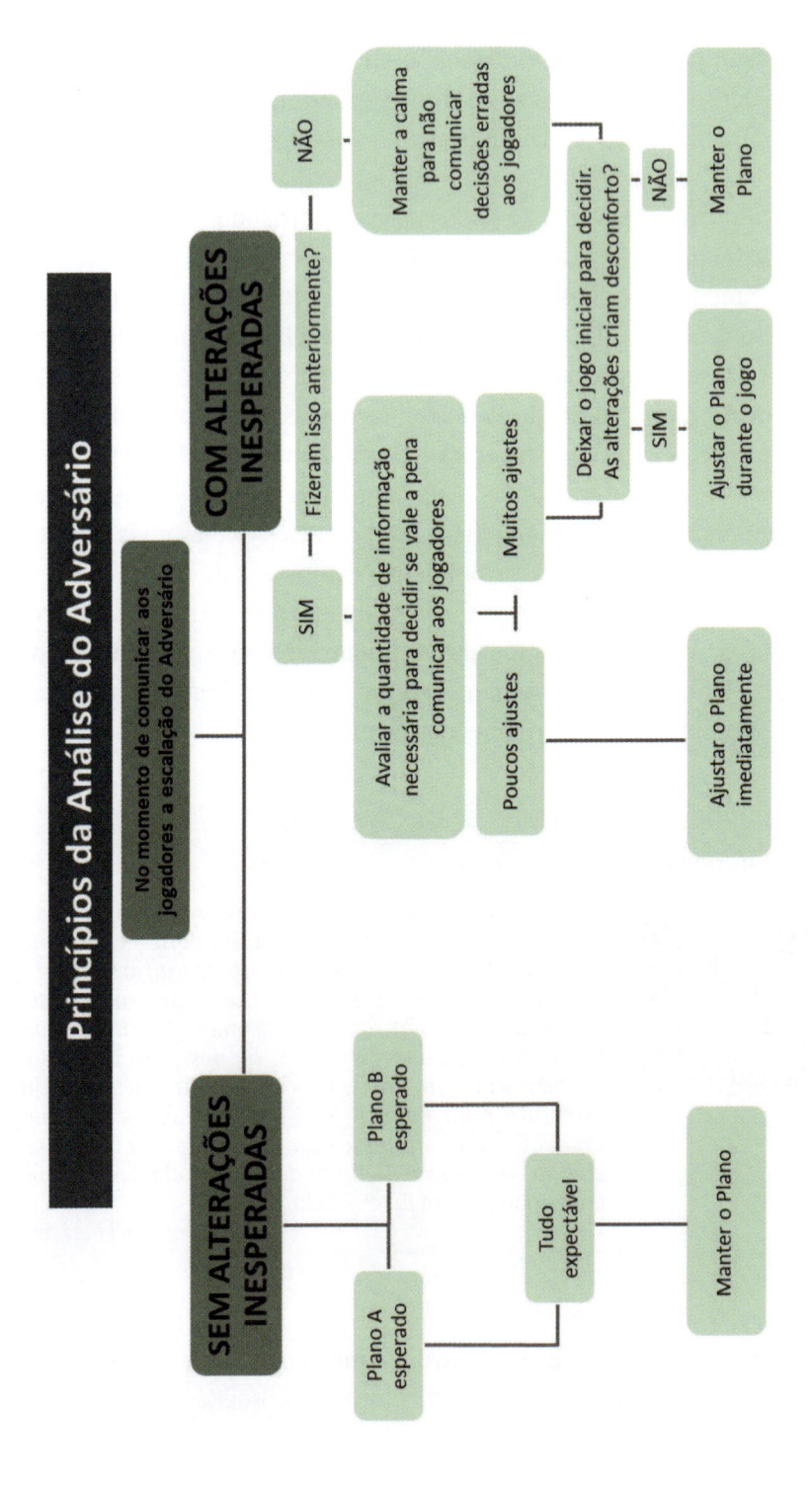

Princípios da Análise do Adversário

No momento de comunicar aos jogadores a escalação do Adversário

SEM ALTERAÇÕES INESPERADAS

- Plano A esperado
- Plano B esperado

→ Tudo expectável → Manter o Plano

COM ALTERAÇÕES INESPERADAS

Fizeram isso anteriormente?

- **SIM** → Avaliar a quantidade de informação necessária para decidir se vale a pena comunicar aos jogadores
  - Poucos ajustes → Ajustar o Plano imediatamente
  - Muitos ajustes → Deixar o jogo iniciar para decidir. As alterações criam desconforto?
    - SIM → Ajustar o Plano durante o jogo
    - NÃO → Manter o Plano
- **NÃO** → Manter a calma para não comunicar decisões erradas aos jogadores

56 CABEÇA FRIA, CORAÇÃO QUENTE

Restava-nos agora que o aquecimento começasse – ou que o árbitro apitasse – para confirmarmos o posicionamento dos jogadores. Analisar o aquecimento do adversário faz parte das nossas rotinas de trabalho: quando as equipas fazem circulações ofensivas com bola/finalização nas posições, é possível confirmar ou não o posicionamento dos jogadores em campo. Mas também há treinadores que usam este momento para iludir os rivais!

A mudança de jogadores e características de jogadores do Athletico Paranaense afetava as dinâmicas ofensivas, mas não as defensivas. Defensivamente, mantinham o 1:4:4:2 que esperávamos. Ofensivamente, enfrentaríamos uma equipa com uma super mobilidade, fruto dos 5 médios em campo (Matheus Fernandes defenderia como ponta-direita, mas atacaria por zonas interiores como médio; Hugo Moura e Erick atuariam como volantes ofensivamente e defensivamente; Terans e Cittadini defenderiam como os dois homens da frente, mas atacariam como meia-atacantes na zona média).

Neste tipo de situação em que o plano (ou parte dele) não corre de acordo com o esperado, temos de nos manter calmos para ver o que o jogo dita. Pode haver momentos em que o Abel precise intervir de imediato com ajustes táticos, como pode haver momentos em que os jogadores consigam dar respostas aos problemas sem a necessidade de intervenção do treinador.

A verdade é que nós temos sempre um plano para os jogos – mas há ocasiões em que o jogo tem um plano para nós[3]. Nesses momentos é que temos de dar mais respostas "online", no decorrer da própria partida.

Sobre o jogo em si, os primeiros minutos foram equilibrados.

Aos 3'02" podíamos ter feito o primeiro golo, que nos daria uma vantagem no resultado e também no emocional do duelo. Em uma jogada que procuramos trabalhar (apoio frontal do Veiga, com movimento complementar de outro atleta), conseguimos colocar o Atuesta na "cara do gol", mano a mano com o goleiro. Infelizmente, depois de cortar para dentro e rematar, não conseguimos fazer o golo. Nesse mesmo lance, perdemos a bola, recuperamo-la com uma forte pressão pós-perda e estivemos muito perto de marcar novamente, num cruzamento rasteiro do Jailson que o Rony por pouco não finalizou.

Aos 18'51", surge o 1x0 em favor do adversário. Depois de um escanteio, perdemos o duelo no primeiro poste; o adversário desviou do primeiro para o segundo pau e finalizou para golo. Começamos, portanto, atrás do marcador – mas a forma com que reagiríamos a esta situação só dependia de nós.

E tivemos uma boa resposta ao golo sofrido.

Aos 26'15", chegamos novamente ao terço final com mais uma bola de perigo. Após novo passe frontal de Veiga, que deixou no Dudu, este cruzou rasteiro e Rony por milímetros não conseguiu empurrar a bola para o gol.

Aos 27'41", veio o golo do empate. Fruto da boa reação que tivemos, conseguimos um escanteio; após ganhar o rebote, finalizamos para o golo. A igualdade no placar ajustava-se ao que tinha acontecido até então.

Ainda antes do final da primeira parte, tivemos possibilidade de passar à frente no marcador. Foram duas oportunidades: um belo remate de fora de área do Rony que explodiu na trave, e na sequência, nova finalização do Rony num escanteio. Nosso adversário teve uma finalização para fora, mas que passou perto da baliza – novamente, originada de um escanteio.

No intervalo, e fruto da nossa incapacidade de criar mais oportunidades, surgiu a questão: teríamos de fazer alguma mudança estrutural para impor novas dificuldades ao adversário? A conclusão era que sim. E apesar de todos estarmos em sintonia sobre esse problema, tínhamos algumas

---

[3] Curioso como nas nossas vidas é igual... Por mais planos que tenhamos para a vida, ela também tem planos para nós... Que o diga o Abel!

CONMEBOL RECOPA

Acredite sempre

CURVA 2

divergências quanto à solução. Alguns de nós acreditavam no 1:4:3:3 puro e outros no 1:3:4:3 para combater o mesmo 1:4:4:2 zonal. A verdade é que ambas as formas são possíveis para atingir o mesmo objetivo. Na altura, optamos pelo 1:4:3:3 com pontas abertos e meia-atacantes rompedores. Após o jogo, porém, nos arrependemos dessa escolha e da não utilização do 1:3:4:3. Em nossa reflexão final pós-jogo, e que serve como aprendizagem para nosso futuro, concluímos que o melhor *modus operandi* é perguntar a nós mesmos o que nos trouxe mais sucesso nas experiências anteriores em contextos semelhantes. E quando o Abel entender que as experiências passadas podem não dar resposta a determinado problema, devemos seguir o instinto dele.

Fomos para o segundo tempo e o jogo continuou na mesma toada: equilibrado. Com a entrada do Wesley em campo e a passagem do Rony para centroavante, melhoramos a capacidade de criar desequilíbrios e chegar no último terço.

Exemplo disso foi a oportunidade que tivemos aos 59'55'', num cruzamento rasteiro do Dudu entre o goleiro e a linha defensiva: a bola passou por toda a área, e Rony, novamente por milímetros, não conseguiu tocar para o gol, assim como Wesley, que também não chegou em uma segunda tentativa.

Apesar de termos melhorado bastante no segundo tempo e conquistarmos mais posse no meio-campo adversário, aos 67'45'' o Athletico Paranaense conseguiu uma oportunidade de golo. Num cruzamento de longe e num momento que estávamos bem posicionados na área, deixamo-nos antecipar, o adversário conseguiu finalizar e o Weverton fez uma defesa importante. No escanteio que resultou dessa defesa, o Athletico Paranaense teve uma nova chance de fazer golo num cabeceio.

Poucos minutos depois, fizemos duas substituições e novamente a equipa subiu de produção. Porém, aos 75'05'' sofremos o 2x1 – novamente em jogada originada de um escanteio. Perdemos o duelo pela primeira bola e ganhamos a segunda; entretanto, na frente da área, a perdemos novamente. Isso permitiu que o adversário ficasse com o domínio nessa zona e finalizasse dentro da área para o golo. Esse erro de não afastar a bola da zona de perigo nos traria aprendizagens para o futuro.

Aos 77'20'', após um lançamento lateral longo, voltamos a rematar – mas sem capacidade de fazer a bola balançar as redes.

Aos 83'30'', tivemos mais uma clara oportunidade de golo. Veron, totalmente isolado e perante o goleiro, finalizou para fora.

Aos 86'35'', desperdiçamos outra grande chance. Depois de um cruzamento do Veron, em uma situação de superioridade de 2x1 na área, o Wesley não teve êxito em definir.

Apesar de nossos progressos na capacidade de chegar ao último terço, não conseguíamos finalizar com a qualidade necessária para fazer o golo. Isso deixava-nos frustrados com o nosso desempenho...

Até que, aos 93'22'', conquistamos um pênalti, em uma ação que insistimos bastante – exterior de 2x1 ofensivo contra o lateral adversário, executada por nosso ponta (Wesley) com o meia-atacante (Veiga). Aos 96'53'', momento que exige bastante controle emocional do batedor de pênalti, o Veiga converteu a cobrança: 2x2.

No final, o empate ajustava-se ao que as equipas fizeram em campo e à quantidade de situações de golo que ambas criaram. Tínhamos cumprido uma parte do plano: sacar um bom resultado no jogo de ida. Restava-nos agora ganhar o jogo de volta em nossa casa.

No dia seguinte à partida, o Abel decidiu dar folga aos atletas que atuaram, visto que haveria um intervalo de sete dias até o duelo de volta da Recopa. Nesse período, ainda tínhamos (mais) um jogo do Paulista, desta vez contra a Inter de Limeira, fora de casa. Optamos por "criar" a "semana limpa" de trabalho aos jogadores que participaram do confronto com o Athletico, escalando, na partida da Inter, outros atletas.

O sentimento foi de que a semana de treinos/jogo passou muito rápido – tal era a nossa vontade que chegasse rapidamente a partida de volta. E ela chegou num piscar de olhos: agora, cabia aos jogadores fazer acontecer, como o Abel lembrou em sua preleção para o jogo de volta.

VÍDEO: PRELEÇÃO PALMEIRAS X ATHLETICO-PR (RECOPA – FINAL – VOLTA)

"Já é a nona final que vocês fazem. Nona! Vocês mais do que ninguém sabem que isto que mostro aqui é apenas 30%. Os outros 70% vêm do nosso espírito competitivo. Os outros 70% vêm da vontade intrínseca que cada um tem de ser melhor que o adversário. Isso é que faz a diferença. Entendido? Superação individual, superação coletiva; eu corro por ti, tu corres por mim, do início até o fim. Assobiam, a gente agradece, e continua focado. Aplaudem, a gente agradece e continua focado. Dar o melhor de cada um de nós. OK, galera?"

Abel Ferreira

Do ponto de vista de preparação para o jogo, focamo-nos bastante em corrigir o que não correu bem na partida de ida. Do ponto de vista ofensivo, pretendíamos atacar o 1:4:4:2 zonal do adversário com um forte jogo posicional em 1:3:4:3 e uma intenção clara de forçar bastante jogo exterior – passes exteriores, viradas de jogo e ações de 1x1/2x1/3x2 nos corredores. Do ponto de vista defensivo, teríamos de ser mais capazes de controlar a mobilidade dos médios adversários, com uma intenção clara de pressioná-los e provocar o erro em suas ações.

O jogo começou com uma forte demonstração das nossas intenções. O pontapé inicial foi do adversário, que, após passar a bola para trás, sofreu uma forte pressão dos nossos jogadores a fim de condicionar a ação. Resultado: forçamos o erro e conquistamos a posse da bola em poucos segundos.

No primeiro tempo, finalizamos de todas as formas: ataque organizado, transição, bola parada, ações individuais, da direita e da esquerda e do meio, de cruzamentos, de passes de ruptura... Entretanto, não conseguimos fazer o mais importante: marcar o golo.

A etapa inicial, assim, foi totalmente controlada e dominada por nós. Se acreditamos que por vezes uma equipa pode ter controlo e não ter domínio, bem como pode ter domínio e não ter controlo, desta vez nos impusemos totalmente, com ataque e defesa controlando e dominando a bola e o espaço.

O 0x0 ao intervalo era penoso para o Palmeiras pela quantidade de situações que criamos. No entanto, também era merecido para o Athletico Paranaense: o adversário teve muita qualidade e foi muito competente no momento da organização defensiva, não nos permitindo espaços para finalizar em melhores condições.

O ambiente no vestiário era de expectativa, mas também de confiança de que o golo ia chegar. Tivemos discursos positivos, de foco no segundo tempo e de total confiança nas nossas capacidades individuais e coletivas para abrirmos o placar.

No intervalo, fizemos uma substituição "troca por troca": entrou o Wesley para o lugar do Veron. O Abel, enquanto treinador, não é muito fã das substituições ao intervalo por motivos de rendimento. Foram as poucas vezes que o fez desde que é técnico principal. No entanto, para este jogo, sentimos que precisávamos de mais ações individuais para tentar chegar ao gol.

O segundo tempo iniciou. E não podia ter iniciado de melhor forma...

Aos 49'03'' fizemos nosso primeiro golo, através de um tiro livre direto, batido de forma exímia pelo Zé Rafael. O 1x0 acaba por dar alguma justiça ao que vinha sendo feito até então.

Mesmo depois de termos alcançado o tão desejado golo, não mudamos nossa atitude e jogamos em busca de ampliar a vantagem. Isso foi demonstrado pela forma com que mantivemos nosso jogo de ataque e de defesa, sempre com os olhos postos na baliza adversária. E também comprovado pelo fato de termos tido quatro finalizações nos cinco minutos seguintes após a abertura do placar! Dudu aos 50'26'', Danilo aos 52'34'', Rony aos 53'05'' e Wesley aos 53'59'' foram os autores. O remate do Rony aconteceu em uma bicicleta... Será que ele acertaria alguma no futuro?

A entrada do Wesley deu-nos exatamente aquilo de que precisávamos: capacidade de desequilíbrios no corredor esquerdo ao mesmo nível do que tínhamos no corredor direito.

Até o fim, tivemos mais finalizações – de todo o tipo, como no primeiro tempo –, mas sem grande perigo. Nosso adversário, em contrapartida, praticamente só finalizou através de chutes de fora de área.

Até que, aos 87'46'', conseguimos fazer o segundo. Numa ação de pressão alta, nosso médio Atuesta roubou a bola do adversário e, depois de uma temporização⁴ ótima, assistiu o Danilo no momento certo, com um passe atrasado para a zona de pênalti. Nosso médio entrou nessa área e rematou de primeira para marcar o golo.

Sobre os festejos... Não temos telhados de vidro. Sabemos exatamente aquilo que somos e o que temos de melhorar como comissão. Não o negamos e trabalhamos diariamente para o alcançar.

Até o fim, o Athletico ainda persistiu, vendendo caro a derrota. Manteve-se equilibrado, competente e em busca do gol. A capacidade do Athletico em resistir à nossa equipa acabou por valorizar ainda mais o resultado.

No final, para conseguir o 2x0, tivemos de usar o "perfume do suor", como diria o saudoso Vítor Oliveira. Mas significou mais um título. O quarto de nossa caminhada a serviço da Sociedade Esportiva Palmeiras. E que título...

---

4 Temporização é a espera ou o atraso calculado de uma ação ou jogada, a fim de realizá-la no momento mais propício – por exemplo, o melhor posicionamento de um companheiro de equipa.

A comemoração, diante de nossa torcida e de nossas famílias, de um título inédito para o Palmeiras.. Inesquecível!

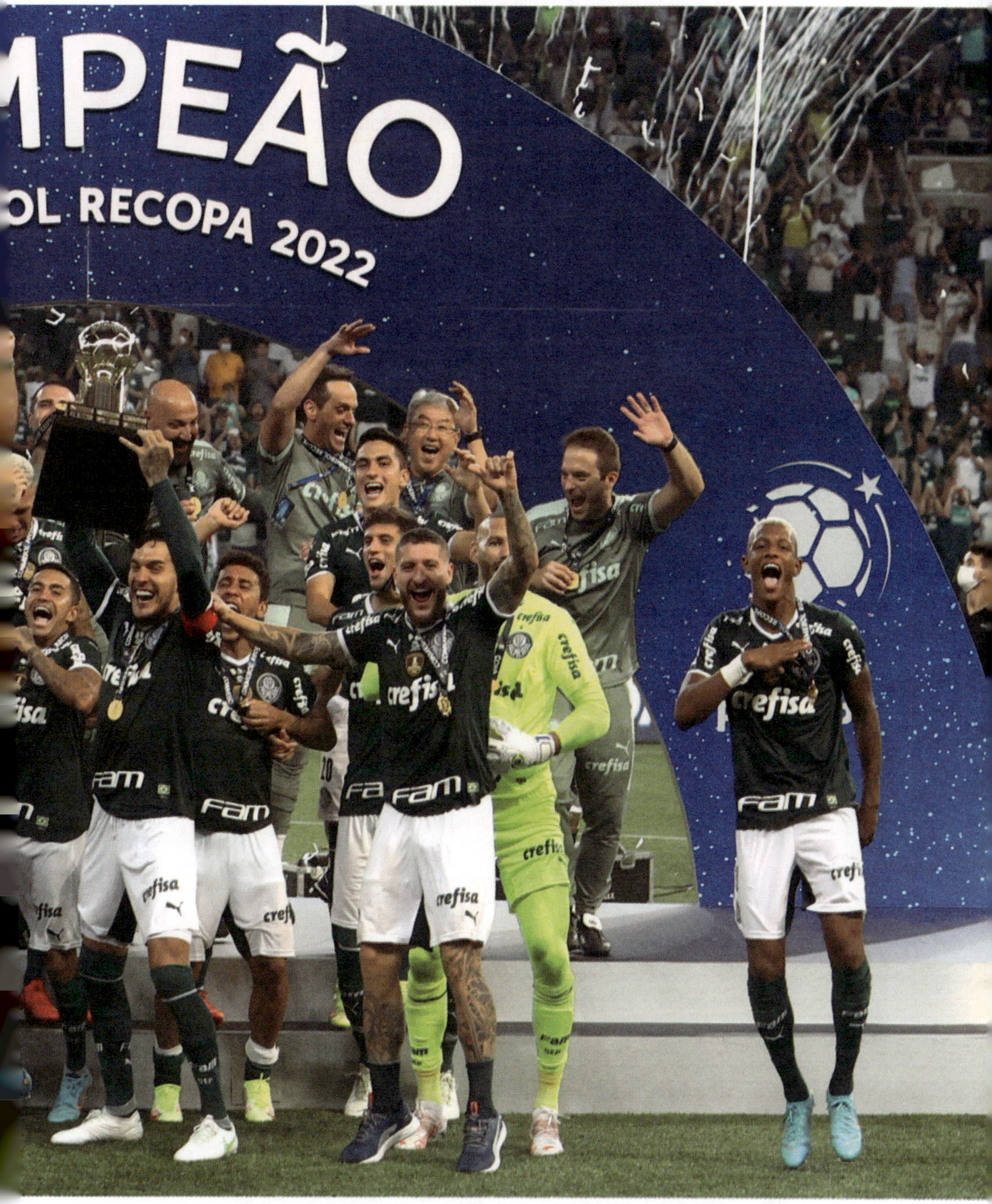
MPEÃO
OL RECOPA 2022

A conquista da Recopa acabou por ser ainda mais especial porque nossos familiares haviam vindo de Portugal para assistir à partida decisiva, a primeira final que eles puderam presenciar no Allianz Parque, a casa do Palmeiras. Durante a pandemia, quando os estádios estavam vazios e a saudade nos enchia o peito, era a lembrança deles que nos dava força e nos encorajava a continuar; agora, a sensação de olhar para as arquibancadas e poder vê-los a torcer por nós tornou esta conquista ainda mais inesquecível. Ao final da partida, chamamo-los ao gramado para partilhar mais esta vitória, que, como todas as outras, é também a eles dedicada. E assim sempre será.

Curva 3

Para continuarmos a percorrer a volta extra, precisávamos passar pela terceira curva deste traçado: o Campeonato Paulista. Há muitos anos, o Paulista é considerado o estadual mais competitivo do Brasil, algo objetivamente confirmado pelo fato de conter, desde a temporada de 2020, 25% dos clubes da Série A nacional (Palmeiras, Corinthians, São Paulo, Santos e Red Bull Bragantino). Nenhum outro regional tem tantas equipas da elite do futebol brasileiro. Além da quantidade, há também qualidade: essas cinco equipes regularmente vêm lutando pelos lugares cimeiros do Brasileirão e pelas vagas de acesso à Libertadores.

Dito isto, é fundamental referir: em 2022, mais uma vez, o Campeonato Paulista não estava entre nossas prioridades. No ano anterior, o fato de não termos comunicado externamente esta resolução desde o início do torneio causou certa confusão, esclarecida mais tarde; agora, nossa decisão fez-se pública e notória.

Apesar disso, nunca deixamos de ter o foco nas vitórias, pois não nos é dada outra opção quando representamos um clube do porte do Palmeiras. E confiávamos que, independente da equipa que entrasse em campo, tínhamos plenas condições de consegui-las.

Nesta rotação de atletas, poderíamos contar também, em caso de necessidade, com os jogadores do sub-20, que vinham de uma conquista inédita – a da Copa São Paulo de Futebol Junior, a Copinha. Estivemos presentes no Allianz Parque para assistir à final do torneio, em 25 de janeiro, data do aniversário da cidade de São Paulo, e nos alegramos com mais este título, fruto do trabalho do vitorioso departamento de formação palmeirense.

Contudo, sabíamos que, dada a força de nosso elenco profissional, não seria fácil para os atletas da base atuarem com regularidade pela equipa principal naquele momento. O que não significava que não estávamos a olhar para eles. Ao contrário. Confiamos a tal ponto na capacidade da comissão e dos jogadores do sub-20 que, não custa lembrar, foram colocados para representar a equipa principal nos dois últimos jogos da Série A em 2021. Eles se provaram à altura da responsabilidade e terminaram a missão de forma invicta, empatando com o Athletico Paranaense (fora) e vencendo o Ceará (casa). Seguramente, esta oportunidade única de competir no principal torneio nacional lhes permitiu chegar à Copinha ainda mais confiantes, e, por seus próprios méritos, alcançarem este histórico triunfo para o clube.

Mesmo em meio à disputa do Mundial e da Recopa, nosso desempenho na fase de grupos do Paulista foi excepcional: alcançamos a melhor campanha já obtida nesse formato de disputa, com 30 pontos em 36 disputados. Em 12 jogos, tivemos nove vitórias e três empates, com 17 gols marcados e apenas 3 gols sofridos. Números de uma equipa que sabe atacar e sabe defender! A categorização de uma equipa assim fica para cada um dos leitores... Ofensiva porque marca muito gols? Defensiva porque sofre poucos? Para nós, a nossa equipa é aquilo que nós gostamos de ser na nossa vida: uma equipa equilibrada em todos os momentos do jogo, seja qual for o resultado!

Dentro desses números, encontrava-se outra façanha: uma sequência de vitórias em clássicos. O calendário nos colocou diante de três duelos sucessivos contra os grandes times do Estado, entre os dias 10 e 17 de março. Uma "prova de fogo" da qual passamos com louvor: vencemos o São Paulo no Morumbi, 1x0, e depois triunfamos no Allianz Parque contra o Santos, 1x0, e o Corinthians, 2x1. Este, aliás, um Derby histórico, por ser o primeiro em que os grandes rivais de São Paulo foram comandados por treinadores portugueses, Abel e Vítor Pereira. Foi neste duelo também que asseguramos, por antecipação, a melhor campanha da primeira fase.

Não foram unicamente os resultados que comemoramos. Nossa performance nesses clássicos, especialmente nos dois últimos, em que impusemos uma dominância quase total das partidas, com um altíssimo nível de rendimento, entusiasmaram a torcida e nos deixaram ainda mais confiantes.

Para finalizar a primeira fase, fomos a Bragança Paulista e conseguimos um importante empate contra o Red Bull Bragantino, mantendo assim nossa invencibilidade até esse momento da competição.

Tanto as quartas quanto a semifinal foram disputadas no Allianz Parque, ambas em jogo único. Vencemos, respectivamente, o Ituano (2x0) e o Red Bull Bragantino (2x1), classificando-nos para a final. Nosso adversário seria,

Os autores (acima) e os co-autores (abaixo) do livro "Cabeça Fria, Coração Quente"

novamente, o São Paulo, rival que nos vencera na decisão do estadual do ano anterior.

Não encaramos esse reencontro como uma oportunidade de se vingar daquela derrota: já havíamos enfrentado, superado e eliminado o São Paulo no mata-mata da Libertadores de 2021, alguns meses depois daquela final, quebrando a escrita de o Palmeiras nunca ter vencido o adversário em jogos da competição continental.

Sabíamos, porém, que outro tabu se mantinha de pé: o Palmeiras jamais havia vencido o São Paulo em uma final de campeonato estadual – foram dois encontros e duas derrotas, em 1992 e 2021.

Além disso, tínhamos consciência também da importância e do simbolismo de um triunfo sobre o São Paulo na final do Paulista de 2022, em que o clube e os torcedores celebravam os 80 anos do episódio eternizado como a "Arrancada Heroica" – a histórica vitória institucional e esportiva no Campeonato Paulista de 1942, em que seu principal antagonista havia sido justamente o São Paulo.

Nossa preparação para a decisão foi bastante rápida. Depois de três jogos em seis dias (fase de grupos contra o Red Bull Bragantino, quartas contra o Ituano e semifinal contra Red Bull Bragantino), entre 20 e 26 de março, a final já vinha na sequência. Devido à densidade anterior de jogos, o Abel decidiu dar folga no dia 27. Assim sendo, tivemos dois dias de treino para preparar o jogo de ida da final do Campeonato Paulista.

Do ponto de vista de análise de adversário, o São Paulo era uma equipa que conhecíamos bastante bem, quer do ponto de vista individual quer do ponto de vista coletivo. Além da partida da fase de grupos do Paulista de 2022, já tínhamos disputado vários jogos contra esse adversário num passado recente. Mesmo na análise de sistemas táticos era possível estabelecer relações com os jogos anteriores da época de 2021, visto que o São Paulo mantinha os sistemas táticos e podia jogar em 1:3:5:2/1:3:4:3 e em 1:4:1:3:2.

Por esse motivo, nossa preparação para este jogo deu-se majoritariamente em cima dos encaixes do confronto de sistemas, uma vez que acreditávamos que isso seria 30% do jogo. O resto, 70%, seria o desejo e a capacidade de competir contra um bom adversário e bastante competitivo. Foi isto que o Abel reforçou na preleção.

VÍDEO: PRELEÇÃO SÃO PAULO X PALMEIRAS
(PAULISTA – FINAL – IDA)

"Eu tenho que ser sincero com vocês. Somos melhores. Mas isto não chega. Para ganharmos, vamos ter que sofrer. Vamos ter que querer correr mais do que o adversário. É o espírito de sacrifício de cada um. É focar na performance, galera. Com 60, com 30, com 90, assobiem, aplaudam... É isto que nós queremos. Estádios cheios. Foi para isto que trabalhamos a vida toda. E é isto que temos que ter em nossa cabeça. Mente de campeão. No jogo, no presente. Cada lance, cada duelo. Começa aí. Um contra um, um contra um. Depois vem o nosso jogo coletivo. Antes de ser coletivo, é a soma da tarefa de cada um de vocês. É o que vocês sabem fazer: jogar futebol ao mais alto nível. É só isso. É um jogo de muita emoção... para os outros. Para nós, é jogo de cabeça."

Abel Ferreira

O jogo de ida começou com o São Paulo no 1:4:1:3:2. Como nossos atletas estavam preparados para esse cenário, foi imediato nosso encaixe ofensivo e defensivo.

O São Paulo teve mais caudal ofensivo nos primeiros minutos da partida, mas os grandes lances de perigo são nossos: aos 3'02'', 5'27'' e 9'16'' estivemos perto do primeiro golo do jogo. Na primeira oportunidade, em um lance de 3x2 que não conseguimos finalizar; na segunda, em um arremesso lateral longo que, depois de ganhar a primeira bola, por pouco não conseguimos desviar a segunda para o golo; e na terceira num cruzamento rasteiro do Piquerez para a zona de pênalti, que o Veiga finalizou bem perto do poste. Ficamos no "quase".

Depois dos 10'... Inexplicavelmente, deixamos de ser nossa equipa e nos tornamos inofensivos no ataque e na defesa.

Fruto desse demérito nosso e do mérito do São Paulo, que subiu de produção, o adversário teve uma bola na trave aos 11'55'' e começou a chegar com mais perigo à nossa área.

Até o final dos primeiros 45' regulamentares, tivemos apenas mais uma chance de golo, numa "quase" finalização do Rony: isolado frente ao goleiro, ele não conseguiu desviar para a baliza. E o São Paulo dominava o jogo...

Nos acréscimos da primeira parte, porém, veio o lance que manchou completamente a partida. Pode um jogador que tem as mãos junto ao corpo e que está a virar o corpo à bola fazer um pênalti... por mão na bola? O VAR interpretou assim e chamou o árbitro para rever o lance. E o árbitro, que havia decidido não dar pênalti no momento da jogada – quando estava perto do lance e com a visão total da situação –, reverteu sua decisão, induzido pelo VAR. Interpretações muito controversas.

E assim, num pênalti (inexistente), o São Paulo fez o 1x0. Viríamos a saber que muitos estariam contentes com esta decisão.

Naquele momento e fazendo uma analogia com um combate de boxe, levamos um soco tão forte que fomos ao chão. Ver-se-ia mais tarde que não nos reergueríamos mais dentro da partida.

No intervalo e apesar do sentimento de injustiça sentido por todos, o Abel tentou apelar ao ego de cada um para fazer melhor do que tínhamos feito no primeiro tempo. Depois de dez minutos fantásticos, deixamos de existir como equipa. Agora teríamos de tentar recuperar a atitude com que entramos no jogo.

O segundo tempo iniciou com a mesma toada: superioridade do São Paulo. Aos 18'46''da etapa final, o São Paulo fez o 2x0. Depois de um escanteio, perdemos os rebotes consecutivos e através de um remate de fora de área, a bola desviou no Murilo, mudou a trajetória e traiu o Weverton. Competência? Sorte? Azar? Apenas futebol... É o futebol e a vida como eles são...

O pênalti sobre o Gómez, aos 22'37''? O VAR não avisou o árbitro. "Estava a comer pipocas", como disse o Abel na coletiva.

Aos 35'22'', o São Paulo fez o 3x0. Num lance muito parecido com o golo sofrido na Recopa, perdemos o primeiro duelo defensivo, o adversário desviou do primeiro para o segundo pau, onde perdemos também o segundo duelo defensivo e o adversário finalizou para marcar.

Aos 39'19'', reduzimos o placar para 3x1. Num tiro livre direto eximiamente batido pelo Veiga, reduzimos a desvantagem e fizemos um gol que o Abel definiria como "um sinal".

Até o fim, não conseguimos atingir o São Paulo. O adversário foi superior a nós durante 80'.

A verdade é que a derrota é justa pelo que aconteceu em campo. Mas aquele primeiro golo não deveria existir. A marcação do pênalti que o originou foi ilegal – e custa-nos que o VAR, que tem acesso a todas as imagens e mais algumas, tenha sido o protagonista. Isso sem contar outras situações que aconteceram no jogo e no pós-jogo, que caberá ao leitor interpretar e fazer a sua própria análise.

Depois da partida e já no vestiário, procuramos, enquanto comissão, preparar a partida seguinte. "Isto ainda não acabou"; "Se há uma equipa que pode virar o resultado, somos nós"; "Agora vão eles a nossa casa e vamos fazer o mesmo" foram algumas das frases usadas por nós para que os atletas rapidamente deixassem para trás o que se passou no gramado do Morumbi e colocassem sua mente no próximo duelo.

Depois, no discurso do Abel no momento da reza, ele rematou:

– *Galera, lembrem-se quando eu vos falei que o pênalti falhado pelo Atlético Mineiro na semifinal da Libertadores de 2021 foi um sinal? Pois bem, o gol do Veiga no final do jogo também foi um sinal. Vamos agarrar-nos a isso. Temos uma oportunidade de dar uma resposta diferente no próximo jogo, em nossa casa, com os nossos torcedores. Agora, é esquecer este jogo e focar já no próximo, não adianta lamentar. Ok? Vamos rezar, fazer uma boa viagem, descansar e amanhã lá estamos para preparar o próximo jogo. E unidos e com fé, vamos conseguir.*

Se por um lado somos contra as finais disputadas a duas mãos, agora, ironicamente, poderíamos tirar uma vantagem disso. Só dependia de nós darmos outra resposta no segundo jogo e conquistar o título. Tínhamos de ganhar por 3 golos. Difícil, mas não impossível. Precisávamos acreditar e ter fé, antes de acontecer.

Em paralelo a esse discurso do Abel, surgiu uma ideia em um dos elementos da equipa técnica: e se puséssemos uma imagem de "acreditar" em todo o CT? A proatividade fez sentido para o Abel e concretizamos a ideia.

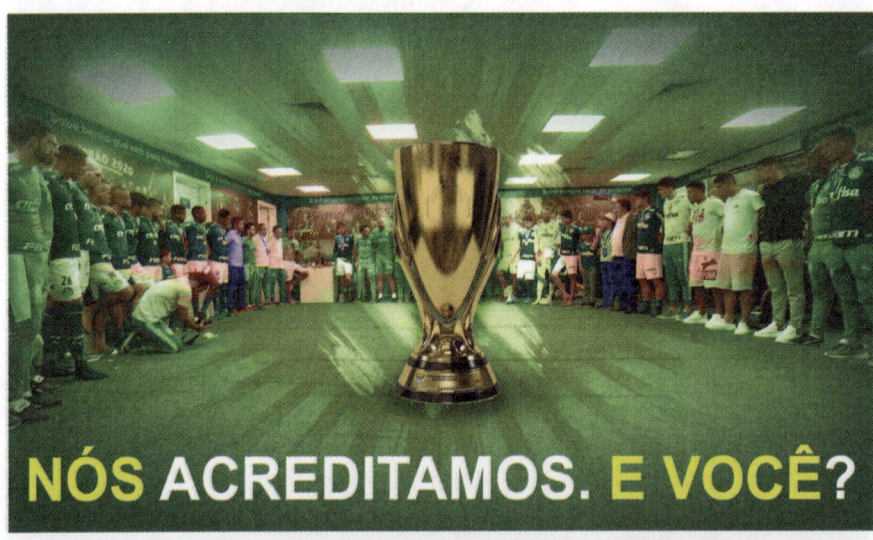

Nesses dias de intensa preparação e treinamentos, uma particularidade nos chamou a atenção. Enquanto nós, elementos da equipa técnica, nos percebemos "pilhados", preocupados em correr contra o relógio para planejar em minúcias os aspectos táticos da partida, os atletas se encontravam leves, relaxados, brincando uns com os outros. Entendemos que a descontração nada tinha de displicência ou irresponsabilidade: ao contrário, denotava confiança e segurança.

Nossos jogadores tinham plena consciência do que precisavam fazer dentro de campo para reverter o placar. Mais que isso – e algo que só entenderíamos completamente depois dessa final contra o São Paulo –: eles sabiam exatamente o papel fundamental que a torcida do Palmeiras desempenharia ao longo da partida. A verdade é que eles conheciam a força do público muito mais do que nós. Em Portugal e na Europa, não é comum a torcida ter tanta influência no jogo. No Brasil, porém, o fator casa é preponderante – e por isso valeram todos os esforços para atuarmos em nosso estádio, com nossa torcida.

O Abel acredita que o resultado de um jogo é mérito 30% do treinador e 70% dos jogadores. E quando temos o apoio de nossos torcedores a 100%... Então, verdadeiramente, todos somos um.

VÍDEO: PRELEÇÃO SÃO PAULO X PALMEIRAS
(PAULISTA – FINAL – VOLTA)

"Hoje é mais para fazer do que para dizer. Desejo do fundo do coração que estejam inspirados e criativos. Que deixem os nossos torcedores fazerem o trabalho deles, que eles vão nos apoiar. E que a gente se foque só em fazer bem as coisas simples. OK? Em fazer bem e arriscar. Sempre positivos. Temos 90 minutos. 90. O ideal? Nos primeiros 15, fazer um. Se não der, até os 30. Se não der, até os 45. E se não der, ainda temos a segunda parte. Vocês sabem que é possível em 10 minutos virar um jogo. É acreditar e fazer acontecer. É só isso. Já vos disse: vocês nasceram para fazer História. Metam isso na vossa cabeça. Já o fizeram e vão continuar a fazer. É só vocês acreditarem."

Abel Ferreira

Depois da preleção, no CT, iniciamos viagem para o Allianz Parque. E que viagem! Os torcedores levaram o ônibus nos braços e nos abraçaram antes do jogo da grande final. De arrepiar!

A escalação do São Paulo não denotava nenhuma surpresa, e a nossa também não. No entanto, fizemos uma alteração estrutural ofensiva muito importante: passaríamos a nos posicionar em 1:4:3:3, ao contrário do 1:3:4:3 do primeiro jogo. Defensivamente, nada mudava do ponto de vista estrutural, mas teríamos de ser muito mais agressivos e competitivos sem bola.

O árbitro apitou e a bola começou a rolar!

A primeira intervenção do goleiro adversário demonstrou o espírito com que o São Paulo abordava este jogo.

O primeiro remate do jogo acabou por ser do São Paulo, de fora da área, sem qualquer perigo para a nossa baliza. E depois daí... Só deu Palmeiras.

O nosso escanteio aos 2' serviria como prévia do escanteio que originou o nosso primeiro golo.

Aos 7'25'' e após remate do Danilo, a bola bate na mão do jogador do São Paulo – da mesma forma que bateu na mão do Rocha no primeiro jogo: com as mãos junto ao corpo e num momento que está a virar o corpo à bola. O árbitro? Não assinalou. O VAR chamou a revisão, mas o árbitro, ao analisar o lance novamente, manteve sua decisão de campo. Boa decisão por parte dele. Por mais que pudéssemos tirar vantagem desse pênalti... Para nós também não foi pênalti. Só é pena que no primeiro jogo o critério usado não fosse o mesmo.

Aos 17'58'', nossas primeiras grandes oportunidade de gol. Após combinação dos três jogadores do nosso triângulo de corredor (lateral-meia-ponta), conseguimos ganhar a zona indefensável e fazer um cruzamento para onde tínhamos três jogadores em zonas de finalização (centroavante-ponta contrário-meia contrário). O Scarpa finalizou primeiro dentro de área (tendo o goleiro feito uma defesa difícil com os pés); ganhamos o rebote e o Danilo finalizou depois (tendo a bola batido nas mãos junto ao corpo do adversário); ganhamos novamente o rebote e o Piquerez finalizou de fora da área, para defesa do goleiro.

Aos 21'20'', surge o nosso 1x0. Após um escanteio executado exatamente como aquele dos 2', desta vez fomos mais assertivos e conseguimos finalizar para as redes. Estava feito o primeiro golo. Rapidamente, pegamos a bola e a levamos ao centro de campo – porque iríamos em busca de mais.

O jogo prosseguiu na mesma toada: superioridade total do Palmeiras, com domínio e controle do jogo.

Aos 27'29'', fazemos o 2x0. Numa jogada que começa um minuto antes, tivemos uma demonstração perfeita do que é o nosso Palmeiras: forte jogo coletivo, forte reação à perda com pressão pós-perda e uma forte chegada

CURVA 3

à área. Isto somos nós – e foi isto que não tínhamos visto no primeiro jogo. Na revisão do lance, ainda se ponderou uma possível falta do Danilo no momento da perda da bola. Sim, o pisão existe. No entanto, ele acontece depois de a bola passar debaixo dos pés de ambos os jogadores – ou seja, o contato não teve nenhuma interferência no decorrer da jogada. Mais uma vez, decisão correta do árbitro.

Depois do 2x0 e com um resultado que empatava a eliminatória, o São Paulo reagiu e nós não conseguimos manter o mesmo ritmo. Nos últimos minutos, o adversário passou a ter mais posse de bola. Ainda assim e durante todo o primeiro tempo, o São Paulo usou bastante jogo vertical para os dois centroavantes disputarem a primeira e a segunda bolas, e chegou ao nosso gol majoritariamente em finalizações de fora de área.

No intervalo, o Abel passou menos instruções táticas e mais instruções mentais. Do ponto de vista tático, o jogo estava a ser totalmente dominado por nós, sem qualquer aspecto a corrigir. E do ponto de vista mental, procuramos que os jogadores entrassem da mesma forma que entraram no primeiro tempo: com os olhos postos na baliza adversária para fazer mais gols.

E foi isso que aconteceu logo na volta a campo. A 1'56" do segundo tempo, fizemos o 3x0. Em uma situação de inferioridade de 3x5 (6 contando o goleiro), valeu a qualidade do Dudu para driblar o adversário e cruzar rasteiro para a área, onde apareceu o Veiga a finalizar à frente do goleiro. Estava feito o golo da vantagem na eliminatória, mas nós queríamos mais. Palmeirense que é palmeirense nunca está satisfeito e quer sempre mais.

Após o 3x0, o jogo equilibrou-se. Ambas as equipas tiveram posse de bola – e o mesmo podemos dizer sobre as situações de finalização.

Mas, aos 35'25", sentenciamos o jogo com o 4x0. Depois de uma pressão alta, em que o Zé Rafael roubou a bola na saída de bola do adversário, conseguimos colocar o Veiga na cara do gol. Ele fez o 4x0. E o estádio veio abaixo. Sentimos o respirar fundo dos torcedores.

Desta vez, o desempenho da arbitragem foi irrepreensível, com decisões corretas em lances difíceis a favor de ambas as equipes. São esses profissionais que merecem estar nas decisões de finais de competições.

Que palavra define para nós o momento que o árbitro apitou o final do jogo? "Orgulho." O mesmo sentimento que tivemos ao término da decisão do Mundial de Clubes.

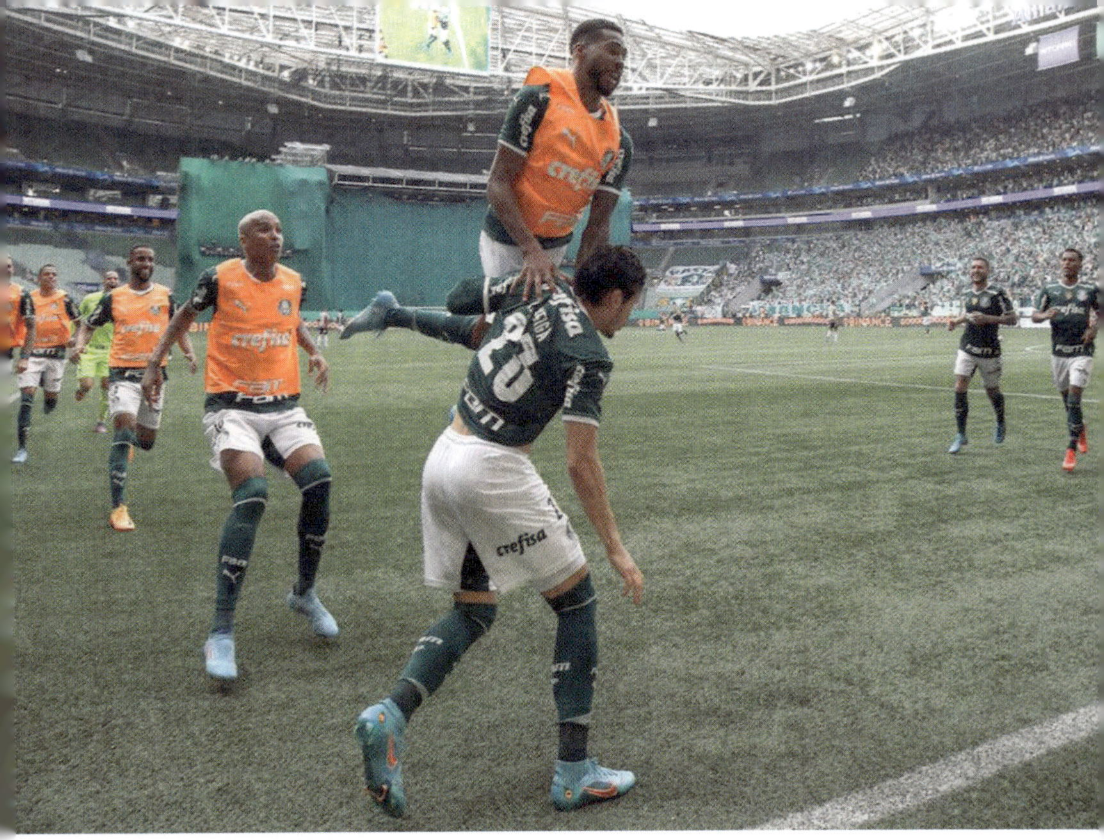
crefisa

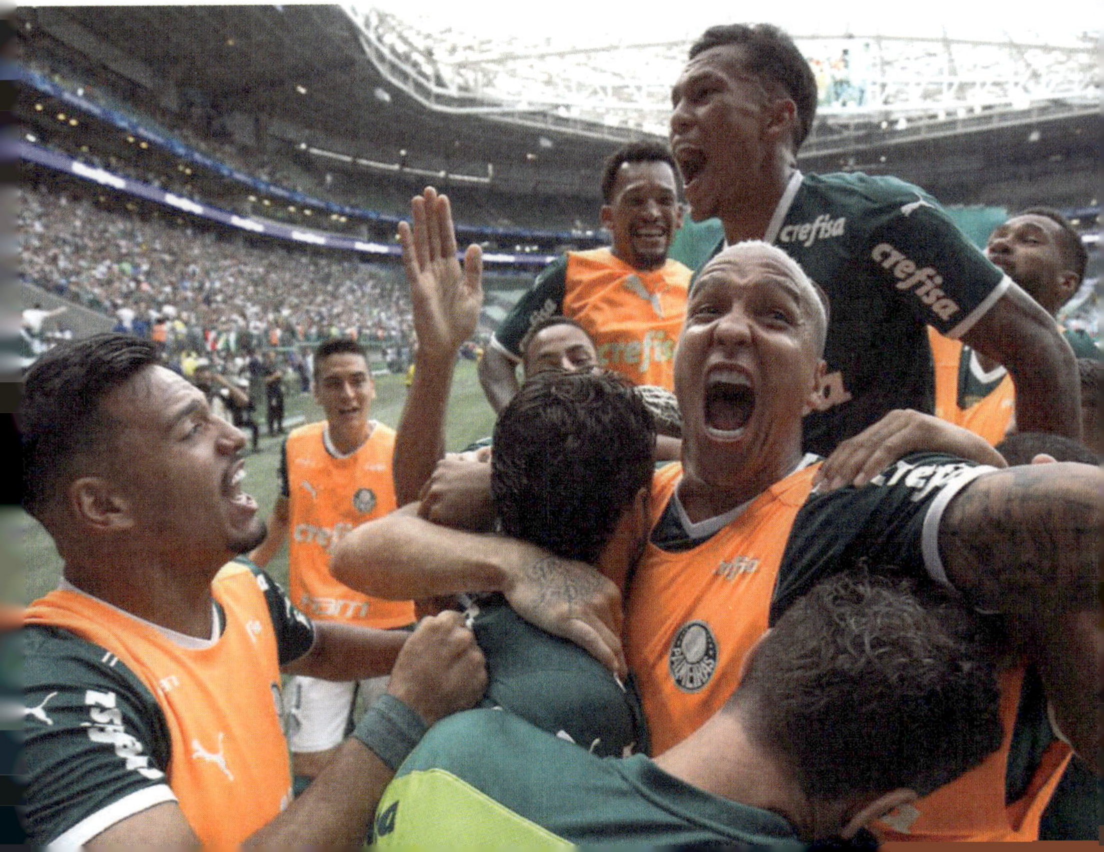
crefisa

Do mesmo modo que é impossível explicar as emoções de um jogo de futebol num quadro tático, também nos sentimos incapazes de demonstrar as emoções desta final no papel. A verdade é que existem jogos com outras dimensões, muito além daquelas que são jogadas nas quatro linhas. E uma delas é a dimensão da atmosfera. No Brasil, sentimos que a atmosfera tem uma preponderância enorme na performance e nos resultados das equipas. Por ser um país tão apaixonado pelo futebol, todos os clubes conseguem encher o maior dos seus estádios com seus próprios torcedores. E isso foi algo que não tínhamos vivenciado em nenhum dos contextos anteriores onde trabalhamos – e que enxergamos como fator preponderante para um futebol tão competitivo, em que tantas equipas podem ambicionar por lutar por títulos.

Do ponto de vista da história do Palmeiras, este jogo provavelmente será lembrado por muito tempo na memória e no coração dos torcedores. Do mesmo modo que hoje se contam os feitos do time da "Arrancada Heroica" de 1942, talvez daqui a muitos anos ainda se fale da "Virada Histórica do Time do Amor" na final do Campeonato Paulista de 2022.

Do ponto de vista de nossa própria história como equipa técnica e como profissionais de futebol, também há jogos que nos marcam e dos quais nos vamos lembrar sempre. Esta final é um deles. E por vários motivos.

Desde logo, pelo abraço coletivo da torcida e dos torcedores. Uau! Fomos levados nos braços dos adeptos do Centro de Treinamento até o Allianz Parque. E se por momentos temeros que essa demonstração de carinho e confiança tivesse um impacto emocional como no jogo contra o River Plate, pela Libertadores de 2020... Rapidamente percebemos que o efeito tinha sido o oposto. Porque desta vez nosso combustível não era o medo de perder, e sim a vontade de ganhar.

Em seguida, pelo jogo em si. "Jogaço dominante", dirão uns, "amasso", dirão os mais ousados... Para nós, foi simplesmente uma final em que impusemos a 100% nossa forma de atacar e nossa forma de defender. E que, por causa disso, tivemos muitas oportunidades para fazer golo e poucas concedemos ao nosso adversário.

A Libertadores de 2020 foi especial por ser o primeiro título – e que título... após 21 anos.

A Copa do Brasil 2020 foi especial porque se tratou da confirmação de uma temporada vitoriosa e da histórica tríplice coroa.

A Libertadores de 2021 foi especial por representar um feito que o Palmeiras jamais havia alcançado – um bicampeonato continental! – e, além disso, histórico no futebol brasileiro.

A Recopa foi especial por ser um título internacional inédito para o Palmeiras.

E o que dizer do Paulista de 2022? Foi especial por ser de virada contra um grande rival. E além disso, também por ser... diferente.

Acreditem: nenhum dos títulos acima elencados teve tanto impacto emocional como esse. A reação à derrota no jogo de ida, a preparação mental para o jogo, o pré-jogo, o jogo em si e o pós-jogo tornaram este triunfo absolutamente... diferente. Diferente porque significou mais do que um título conquistado: foi a demonstração perfeita de que quando as engrenagens de um clube – jogadores, comissão, staff, direção e torcida – estão todas em sintonia... Tudo é possível. Basta acreditar, ter fé e fazer acontecer. E nós fizemos.

*Vitória de virada, em cima de um grande rival. Com goleada: 4x0.
Um time CAMPEÃO, em letras maiúsculas*

CURVA 3　85

Curva 4

Revelação: na presente temporada e após o sucesso na analogia da montanha para a Copa Libertadores de 2021, optamos por usar a mesma estratégia com diferentes slogans para outras competições.

Na Copa do Brasil de 2022, optamos pelo slogan *#Reconquistar* por entender que, depois de vencermos a competição em 2020 e termos caído na nossa primeira eliminatória em 2021, era hora de reconquistar algo que tinha sido nosso até então.

E, de modo a estabelecer a analogia visual com uma competição de "mata-mata", procuramos usar uma imagem de tiro ao alvo – para reproduzir a necessidade de sermos certeiros nos jogos de um torneio como este. Ou eliminamos, ou somos eliminados. Não há outra alternativa.

A Copa do Brasil de 2021 foi um evento marcante de nossa trajetória como técnicos de futebol. Caímos contra o CRB, uma equipa da série B do Campeonato Brasileiro (equivalente à 2ª divisão), num contexto de jogo que acontece a todas as equipas do mundo: domínio absurdo não traduzido no resultado. Depois e ironicamente, ainda perdemos a classificação nos pênaltis, mais uma vez; foi nossa quarta derrota consecutiva naquele ano nesse tipo de disputa. Efetivamente, acreditamos que o que tem de acontecer nas nossas vidas, tem muita força, por mais que lutemos contra. E verdade seja dita: aquilo que no momento foi um golpe tremendo nas nossas expectativas revelou-se mais tarde uma vantagem competitiva num calendário tão congestionado, como já referimos anteriormente.

Esse jogo foi tão marcante para nós, enquanto comissão, que o sentimos como parte do nosso processo de desenvolvimento; o Abel ainda utiliza esse jogo como um exemplo em vários momentos presentes.

Dessa forma, alertados por aquilo que tinha acontecido contra o CRB, o Abel decidiu abordar o jogo da 3ª fase da Copa do Brasil 2022 com a força máxima do nosso elenco. Apesar de o Juazeirense, da Bahia, integrar a Série D do Campeonato Brasileiro (4ª divisão), nosso adversário vinha fazendo boas campanhas na Copa do Brasil: em 2021, chegou às oitavas de final eliminando Sport e Cruzeiro, e em 2022, já havia tirado da competição o Vasco da Gama.

Por força de sorteio, estrearíamos em casa e decidiríamos fora. Entretanto, não poderíamos atuar no Allianz Parque, que estaria alugado para um show musical, e tivemos de mandar o jogo na Arena Barueri. Sofremos um gol logo no início, mas nos recuperamos bem, empatando no primeiro tempo e virando o placar no segundo. Terminamos vencendo por 2x1, que seria também o resultado final da partida de volta.

Partida essa, aliás, que teve a particularidade de ser disputada no Estádio do Café, na cidade de Londrina, no Paraná. Essa mudança de local permitiu-nos vivenciar ainda mais a grandeza e presença do Palmeiras a nível nacional: jogamos num estádio lotado de palmeirenses, mesmo fora de casa e num Estado diferente, que não estavam habituados a ver a equipa do coração na sua terra. Foi um dia feliz para todos esses palmeirenses e para nós também.

Como imaginávamos, foram dois jogos difíceis contra um adversário que tinha tudo a ganhar e nada a perder – e demonstrou-o em campo! Nós, por outro lado, tínhamos a total responsabilidade do jogo.

Depois e novamente por sorteio, calhou-nos nas quartas de final o nosso rival de cidade e rival histórico São Paulo, que tínhamos enfrentado e vencido na final do Paulista 2022. Desta vez, e assim como no campeonato estadual, a partida decisiva aconteceria em nossa casa.

Além disso e por uma coincidência de calendário, jogaríamos duas vezes consecutivas no Morumbi: dia 20 de junho, pelo Campeonato Brasileiro, e dia 23 de junho, pela ida da Copa do Brasil. Previa-se duelos intensos e duros, como são todos contra o São Paulo. Na nossa análise de adversário e consequente preparação para estas partidas, não pudemos recorrer aos jogos que tínhamos disputado na final do Paulista como referência – mesmo que fosse o mesmo adversário orientado pelo mesmo técnico. Isto porque, nesse período recente, o São Paulo havia alterado sua estrutura tática: passou de jogar com frequência no 1:4:1:3:2 para estruturar-se em 1:3:5:2/1:3:4:3.

Vencemos o primeiro encontro dessa série, pelo Brasileirão, por 2x1, e perdemos o segundo, pela Copa do Brasil, por 1x0. E sentimos que a vitória de virada (2 golos após os 90 minutos) no primeiro jogo teve um impacto tremendo no segundo. Entre vários motivos, citamos dois em especial: primeiro, pelo desgaste físico causado pela necessidade de correr atrás do resultado; segundo, pelo fator emocional. Assim, acabamos por pagar caro na partida seguinte: não conseguimos igualar os níveis de intensidade e agressividade do São Paulo e saímos derrotados. Isso se notou na vontade com que os nossos atletas e os atletas adversários abordaram cada lance. Foram melhores que nós, abordaram o jogo de uma forma mais competente e perdemos justamente. De qualquer forma, trazíamos novamente a hipótese de reverter o resultado negativo em nossa casa.

E, de fato, no segundo jogo, disputado no dia 14 de julho, rapidamente conseguimos a virada. Aos 12 minutos, já vencíamos por 2x0 e estávamos completamente por cima da eliminatória. O terceiro golo esteve muito perto de acontecer em vários momentos – em particular aos 65', quando tivemos um pênalti após o VAR chamar o árbitro e apontar um toque de mão do adversário dentro da área. O nosso melhor batedor, porém, acabou por falhar a cobrança.

No lance imediatamente a seguir, foi a vez de o São Paulo ter uma penalidade máxima apontada a seu favor. Após uma disputa de bola, na qual a falta de nosso zagueiro não foi marcada em campo, o VAR aconselhou ao árbitro a revisão da ação. Mas o fez sem seguir o protocolo de analisar toda a jogada – deixando passar assim o impedimento do atacante do São Paulo na origem do lance. O árbitro então alterou sua interpretação e apontou a marca do pênalti. O São Paulo diminuiu o placar para 2x1.

Este resultado se manteve até o final do jogo, e novamente teríamos uma decisão nos pênaltis. Até então, todas as nossas eliminações de competições haviam ocorrido justamente nas cobranças de pênaltis; isso era algo que pesava no inconsciente de todos nós, por mais que tivéssemos a vontade e o desejo de reverter essa situação. Perdemos a primeira cobrança, novamente pelo nosso melhor batedor – que até aquela partida tinha um score de 24 gols em 25 tentativas, e que acabou por desperdiçar dois pênaltis no mesmo jogo. Incrível como o futebol é! Depois erramos a quinta cobrança e o São Paulo avançou na competição. E novamente perdemos nos pênaltis...

Mais do que buscar desculpas em fatores extrínsecos – posteriormente, a CBF admitiu o erro de protocolo do VAR em não traçar a linha de impedimento na origem do lance do pênalti dado para o adversário, uma falha tão elementar quanto grave e que se provou decisiva na eliminatória –, temos de analisar nossa incapacidade de chegar ao 3x0, uma vez que tivemos várias situações para o fazer.

Ainda sobre essa partida, temos outra coisa a realçar: qualquer equipa para vencer um jogo pode o fazer com mérito seu, demérito do adversário, sorte, competência, felicidade, estrelinha... O que for. Vencemos assim no passado e perdemos assim no passado. Vencemos assim no presente e perdemos assim no presente. Venceremos assim no futuro e perderemos assim também no futuro. Isto é o futebol, e quem não for capaz de reconhecer que existe um fator de felicidade no futebol é porque não reconhece que o futebol ainda é um jogo. E, como jogo que é, existe um fator de aleatoriedade que não se controla – por mais que a nossa missão como treinadores seja reduzir as imprevisibilidades que um jogo pode ter.

Nossa experiência nos mostra que as derrotas e as dificuldades que enfrentamos, na vida ou no futebol, são oportunidades de crescimento e aprendizagem para nos tornarmos melhores.

**VÍDEO: PÓS-JOGO PALMEIRAS X SÃO PAULO
(COPA DO BRASIL – OITAVAS – VOLTA)**

"Futebol às vezes mete-nos à prova. Mete à prova a nossa resiliência. Resiliência é isso: nós percebemos que a quatro horas atrás somos os mesmos dos que somos agora, independentemente se falhamos ou acertamos. Vamos continuar a ser resilientes, vamos continuar a acreditar uns nos outros. Eu não conheço outra forma a não ser o que fizemos até agora, com trabalho, com dedicação, com amizade e com respeito uns pelos outros. E mais do que tudo: respeito por vocês mesmos e continuar o nosso caminho. Não há equipas que só ganham. Fiquem de cabeça tranquila. Reguem-na com coisas boas. Vocês são capitães de vosso pensamento. Esse é o caminho certo."

Abel Ferreira

Nem tudo correu como queríamos. Não atingimos o objetivo de estar nas decisões da Copa do Brasil. Mas alguns acontecimentos da nossa vida se revelam depois, como positivos ou negativos. Só o tempo pode dizer.

Curva 5

Para a Copa Libertadores de 2022, adotamos o mesmo slogan usado na época anterior: *Vamos defender o que é nosso*. Em 2021, havíamos conquistado novamente o título, mantendo o troféu em nossa casa; entendemos, portanto, que nossa missão para a presente temporada seria a mesma e não fazia sentido alterar o slogan. O que mudava era a montanha, que, mais uma vez, havia aumentado de tamanho.

Apesar de termos exatamente o mesmo número de jogos a disputar (13), a escalada seria ainda mais complicada. De novo e mais do que nunca, éramos o time que todos queriam vencer: para bater o Palmeiras, bicampeão da América, todos viriam com uma energia extra.

Por isso mesmo, na nossa capa de apresentação da competição, mantivemos as montanhas, mas desta vez com o foco em uma terceira, maior e mais íngreme do que a primeira e a segunda. Afinal, as dificuldades haviam crescido substancialmente.

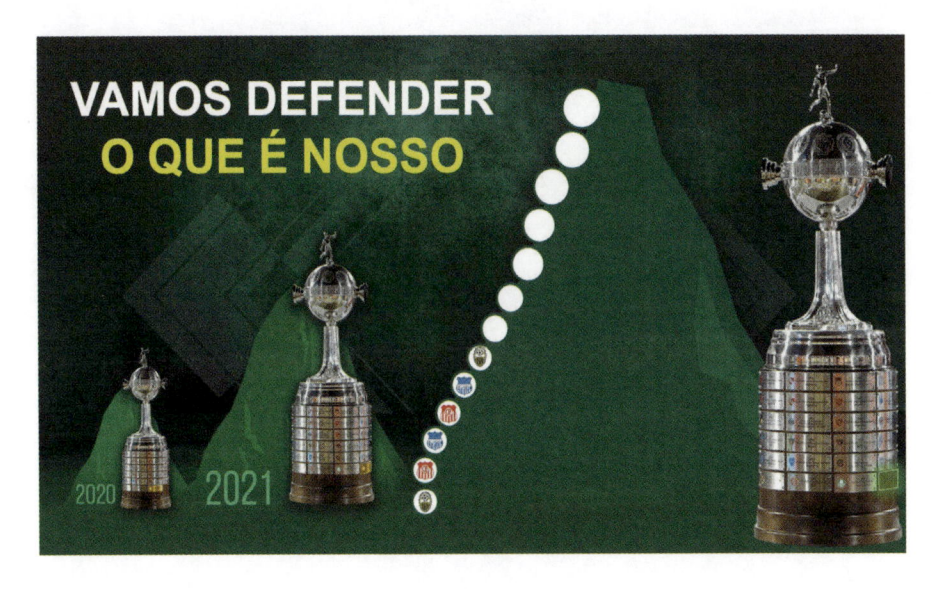

Antes de iniciar a competição, mas já na Venezuela, local de nosso primeiro jogo no torneio – apenas três dias depois da conquista do Paulista! –, fizemos uma reunião de balanço da época e de definição dos nossos objetivos nesta competição.

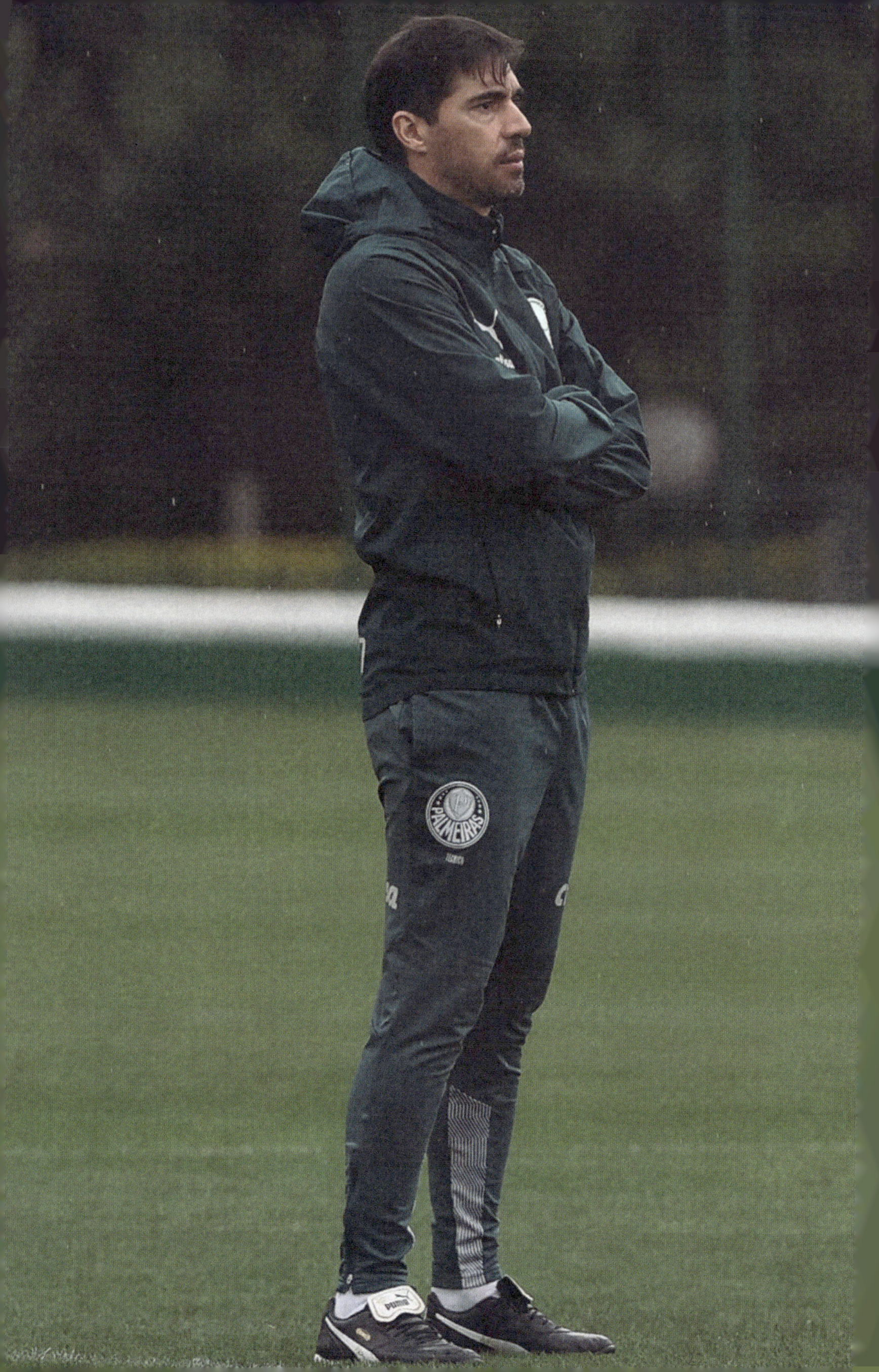

Procuramos reforçar o que tinha sido conquistado anteriormente e realçar os feitos históricos e inéditos que... pertenciam ao passado. O nosso foco até o fim seria a Libertadores e o Brasileirão. O Abel questionou o porquê de a montanha ter aumentado e acabou por fazer, além desta, outras quatro perguntas:

1) O que quer dizer "isto é um jogo de Libertadores?"
2) Os adversários vão dar a vida contra nós. Por quê?
3) O que é preciso que cada um faça para continuarmos a ganhar?
4) Por que é difícil ganhar de forma consistente?

Com estas perguntas, o Abel queria guardar as respostas para usá-las no futuro, como "velhas âncoras". Isto porque acreditamos que velhas âncoras fazem magia.

O sorteio da fase de grupos nos colocou diante de Deportivo Táchira (campeão venezuelano de 2021), Independiente Petrolero (campeão boliviano de 2021) e Emelec (vice-campeão equatoriano de 2021). Apesar dos recentes triunfos a nível nacional, eram times que não costumavam ser protagonistas em competições internacionais – o que não significava que estaríamos livres de desafios. Em especial, e logo de cara, essa chave nos apresentava uma dificuldade pelas grandes distâncias que deveríamos trilhar para cumprir os jogos fora de casa. O Palmeiras seria o time que mais viajaria na competição, percorrendo, entre idas e voltas, cerca de 30 mil quilômetros – o que implicaria, em meio à disputa também de Brasileirão e Copa do Brasil, a necessidade de planejarmos às minúcias a gestão do elenco.

Jogo 1. Deportivo Táchira (fora): um desafio físico, mental e logístico. Vencemos o Paulista no domingo, nos reapresentamos na Academia na segunda à tarde, treinamos às 7h de terça antes da viagem de 9 horas (com dois trechos aéreos e um rodoviário) até San Cristóbal, onde jogaríamos na quarta às 21h. O mais importante a realçar deste jogo foi a atitude séria e comprometida com que nossos jogadores o abordaram, mesmo depois de ter conquistado uma competição (da forma que foi!) uns dias antes; sentimos que para isso contribuiu o fato de termos refrescado a equipa após um jogo de grande estresse físico e mental, algo que a nossa experiência nos foi mostrando. No final, vitória por 4x0 numa partida que tinha vários condimentos para ser difícil. Foi uma vitória "do caráter e comprometimento" da nossa equipa.

Jogo 2. Independiente Petrolero (casa): conseguir o máximo de pontos e o máximo de gols na fase de grupos, e assim brigar pelo primeiro lugar geral da competição e ter a vantagem de decidir as eliminatórias em casa. Esse era nosso objetivo nos seis primeiros jogos da Libertadores. Não tiraríamos o pé do acelerador – e isso ficou provado na partida contra o Petrolero, em que vencemos por 8x1 e estabelecemos mais alguns recordes. Maior goleada da história do Palmeiras em Libertadores; maior goleada no Allianz Parque; e também a maior goleada em partidas do clube na era Abel Ferreira. Embora o placar final possa sugerir que foi um jogo fácil... Ao intervalo estava 1x1! Sim... 1x1 ao intervalo. Acabamos por fazer 7 golos na 2ª parte porque tivemos "calma, trabalhamos para isso e fomos bastante eficientes".

Logo depois do título paulista, encaramos uma viagem de nove horas à Venezuela, com dois trechos aéreos e um rodoviário. Mas o caráter e o comprometimento do time nos levaram a uma nova vitória

Jogo 3. Emelec (fora): na teoria, este seria o jogo mais difícil de toda a fase de grupos, contra o adversário mais qualificado e em um ambiente difícil de se jogar. No domingo anterior a esse duelo, nosso volante Jailson rompeu os ligamentos do joelho direito e precisou passar por uma cirurgia que o tiraria de combate por aproximadamente seis meses. Iríamos buscar a vitória e a dedicaríamos a ele; levamos uma camisa com seu nome e número para o banco de reservas e celebraríamos nossos gols com ela. Começamos muito bem o jogo: abrimos o 2x0 e perdemos muitas chances de fazer o terceiro. Na segunda etapa, o jogo ficou partido com muitas transições de transições; o Emelec conseguiu marcar um golo, cresceu na partida e teve chances reais para empatar. Fizemos as substituições necessárias para nos reorganizarmos, melhoramos e voltamos a ficar por cima, conseguindo o 3x1 já nos acréscimos. Futebol é eficácia, e, no final, fomos mais eficazes do que o adversário, merecendo a vitória. Vencemos "pelo Jailson, com amor pelo jogo e pela competição". De realçar que no dia anterior a este jogo treinamos no estádio onde se disputaria a final daquela edição da Copa Libertadores, o Estádio Monumental Isidro Romero Carbo. Uau! Que estádio! Um estádio à medida do verdadeiro significado da Copa Libertadores. E um local para onde tínhamos o sonho de voltar...

Jogo 4. Independiente Petrolero (fora): fizemos uma boa preparação para enfrentar a altitude de Sucre (2.810 metros), e conseguimos mais um triunfo, novamente por goleada (5x0). Vencemos porque fomos "competitivos, sérios e efetivos". Garantimos nessa partida não apenas a classificação à próxima fase da Libertadores, mas também a primeira colocação do grupo, com duas rodadas de antecedência. Estabelecemos mais recordes – a maior goleada da história do Palmeiras como visitante na Libertadores e a maior goleada de um clube brasileiro na Bolívia pelo torneio continental.

Jogo 5. Emelec (casa): vitória por 1x0, dominamos amplamente, mas nos faltou ser mais efetivos. Finalizamos 21 vezes no jogo, porém só fizemos um golo, quando o relógio já se aproximava da metade no segundo tempo. De qualquer forma, fomos premiados pela persistência diante de um adversário qualificado, que vendeu muito caro a derrota. Vencemos com grande "persistência e com o efeito martelo". Ademais, igualamos nessa partida a marca do River Plate de 2020 como a equipe com mais golos marcados na história da fase de grupos da Libertadores, com 21. E ainda nos restava mais uma partida...

Jogo 6. Deportivo Táchira (casa): despedimo-nos da primeira fase com um 4x0, o mesmo placar da estreia da competição, também contra o time venezuelano. E "fizemos história, com trabalho e fé".

VAMOS DEFENDER O QUE É NOSSO

2020 — 2021

- FIZEMOS HISTÓRIA COM TRABALHO E FÉ
- PERSISTÊNCIA E EFEITO MARTELO
- COMPETITIVOS, SÉRIOS, EFETIVOS
- PELO JAILSON COM AMOR PELO JOGO/COMPETIÇÃO
- CALMA, TRABALHO E EFICIÊNCIA
- CARÁTER E COMPROMETIMENTO

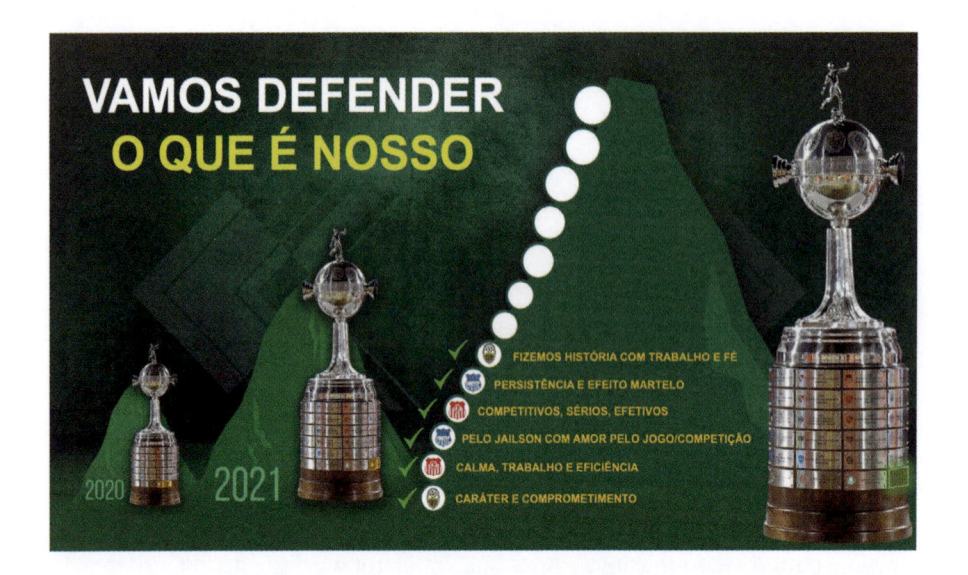

Dessa forma, asseguramos a primeira colocação na classificação geral, com 18 pontos em 18 possíveis – 100% de aproveitamento que só havia sido registrado por três vezes desde que a Libertadores passou a ter seis jogos na fase de grupos (Vasco em 2001, Santos em 2007 e Boca Juniors em 2015). Como tivemos um saldo de 22 golos (25 a favor, novo recorde do torneio, e três contra), registramos assim, em 2022, a melhor campanha de sempre da primeira fase da história da Libertadores, superando o Boca de 2015, que teve saldo de 17 (19 marcados e 2 sofridos).

Nunca, em nenhum jogo, pedimos aos nossos jogadores que batam recordes. Pedimos apenas – mais que isso: exigimos!, deles e de nós –, que cada um dê o melhor de si. Procuramos despertar em todos o desejo de sermos cada vez melhores e exigentes, cobrando uns dos outros de forma positiva: trabalho, disciplina, ambição, espírito de equipe, foco. Os números e os recordes são consequências naturais de tudo o que fazemos. Mas não vivemos de números ou de recordes. Vivemos de títulos e vitórias. E sempre que possível, queremos ganhar jogando futebol ao mais alto nível. Quando não for possível, queremos simplesmente ganhar. Seja onde for, contra quem for, jogue quem jogar, jogamos para ganhar.

Para as eliminatórias, o sorteio das oitavas nos colocou diante do Cerro Porteño, campeão paraguaio de 2021. Como donos da melhor campanha na primeira fase, ganhamos o direito de decidir em casa os duelos do mata-mata.

Jogo 7. Cerro Porteño (fora): que atmosfera de Libertadores! Estádio cheio, adversário competitivo/agressivo e um ambiente hostil. Para ajudar o bom espetáculo, um bom gramado, que nos permitiu jogar ao nosso nível. Ao intervalo, a partida estava 0x0, mas mantivemos o foco no plano, por mais que a 1ª parte não tivesse sido a melhor. Mérito do adversário, que nos colocou dificuldades devido à sua intensidade e agressividade. Na 2ª parte, porém, vimos um Palmeiras totalmente diferente. Enquanto o Cerro perdia energia, nós mantivemos a intensidade, fruto de uma planejada gestão de elenco. Apresentamo-nos de forma consistente e séria e tivemos a competência/felicidade de fazer os golos nos "momentos certos" – e aqui vale explicar: embora todos os momentos sejam bons para marcar gols, o jogo em si tem momentos-chave, nos quais fazer o golo dá vantagem não apenas no resultado, como também no emocional. No final, ganhamos por 3x0 porque "bloqueamos a atmosfera com foco na tarefa".

Jogo 8. Cerro Porteño (casa): apesar da boa vantagem na partida anterior, optamos por não mexer na equipa. O nosso foco era 100% aquele jogo. O primeiro tempo, difícil, terminou 1x0. Na etapa final "deslanchamos" e chegamos ao placar de 5x0. Vencemos porque "impusemos a 100% o nosso jogo de ataque/defesa". O grande momento do jogo acabou por ser o golo de bicicleta do Rony. Depois de várias tentativas, e muitas críticas, nosso atacante alcançou seu objetivo de marcar dessa forma acrobática. Tentou até conseguir. E quem acredita e trabalha para isso, sempre alcança.

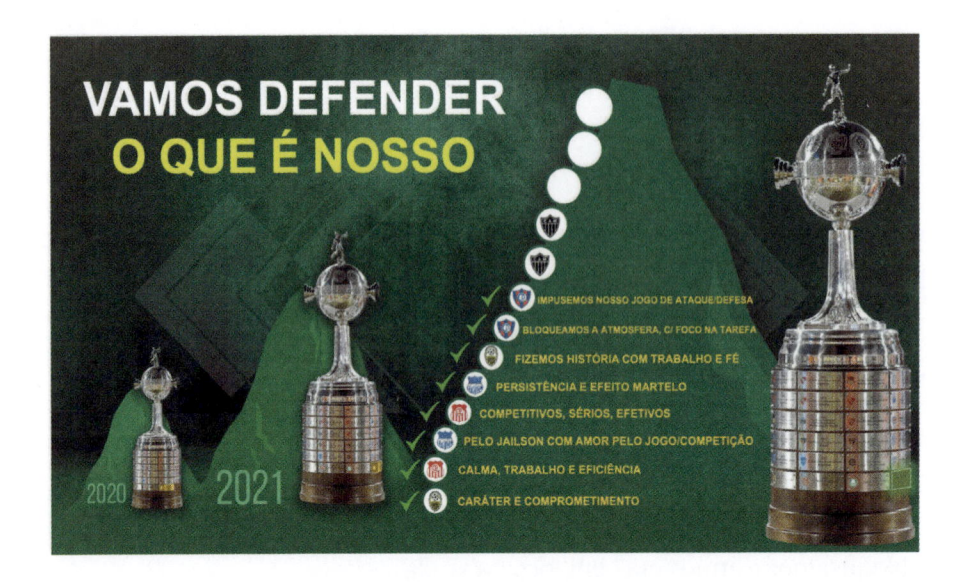

Agora, nosso duelo nas quartas seria contra um "velho" conhecido...

Jogo 9. Atlético Mineiro (fora): eis que, quiçá, enfrentamos o primeiro adversário do nosso nível na Copa Libertadores de 2022. Este jogo tinha uma peculiaridade: o Atlético havia mudado de treinador recentemente, recontratando o técnico com quem tinha tido sucesso no ano anterior – o Cuca, campeão do Brasileirão e da Copa do Brasil de 2021. Sabíamos que nos esperava um jogo equilibrado e que seria decidido por detalhes – como foram aliás quase todos os jogos que disputamos contra o CAM ou quando enfrentamos o Cuca no comando de uma equipa. Nossa primeira parte não foi boa nem bem conseguida; para piorar, sofremos gols em momentos-chave do jogo – final da primeira parte e início da segunda parte –, estando a perder por 2x0 aos 47 minutos de jogo. Porém, aquilo que poderia ter derrubado nossa equipa emocionalmente se tornou a fonte de nossa melhor reação. Ali, sentimos uma atitude/resposta mental da nossa equipa muito forte. A perder por 2x0, contra um adversário difícil, num ambiente difícil, conseguimos melhorar a nossa produção ofensiva. Aumentamos o volume de jogo, fizemos o 2x1 aos 59' e o 2x2 aos 92', em uma demonstração da grande resiliência mental da nossa equipa. Empatamos porque "acreditamos até ao fim" – e agora trazíamos um bom resultado fora para fechar em nossa casa, como é a filosofia do Abel.

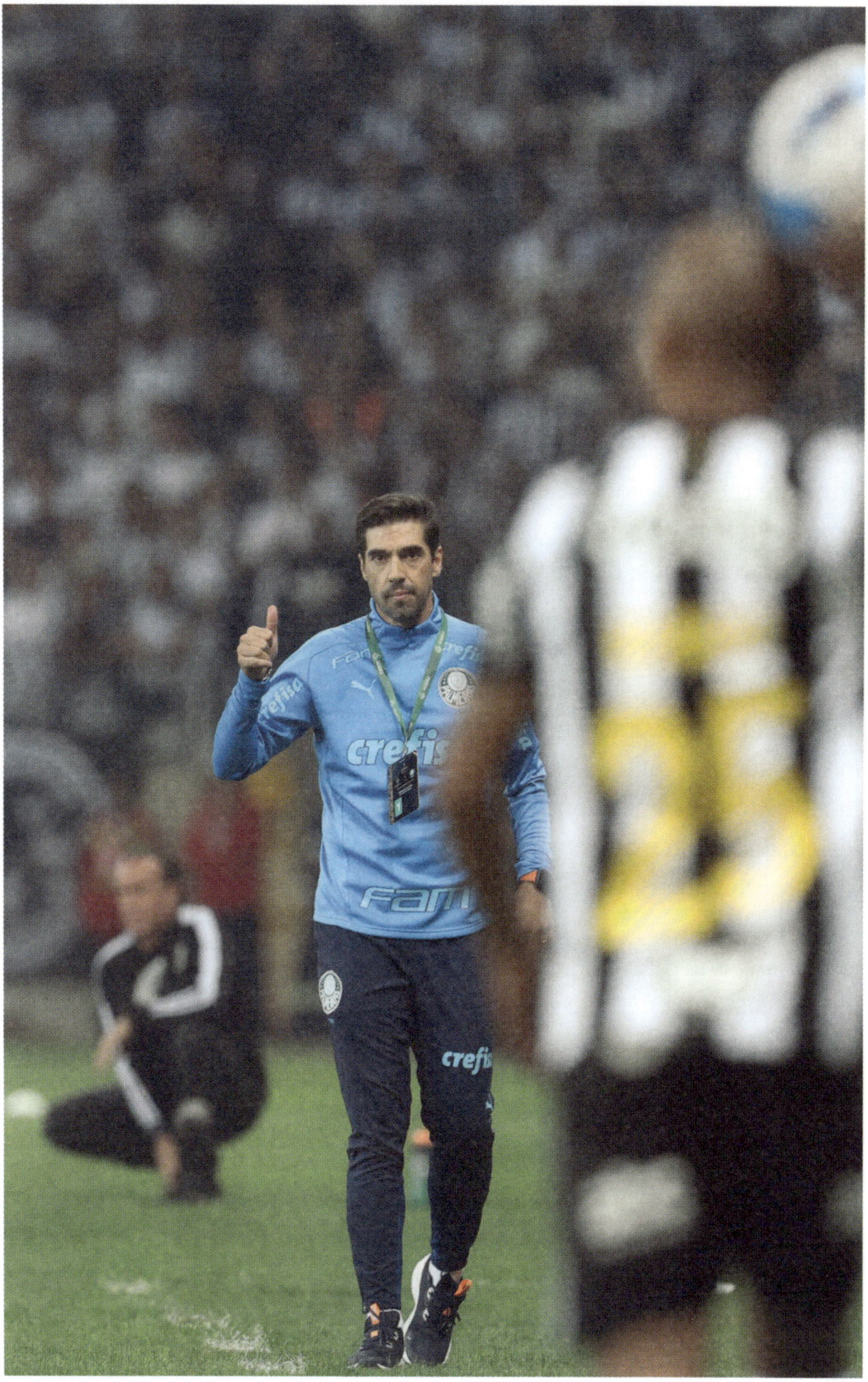

Jogo 10. Atlético Mineiro (casa): tivemos um grande revés logo aos 29 minutos da primeira etapa: a expulsão de um atleta num jogo decisivo de eliminatória. Encontramo-nos numa situação que não tínhamos vivido anteriormente, em termos desportivos. Nesse momento, reformulamos o posicionamento da nossa equipa. Enfrentando um adversário que controla muito bem o jogo com bola, tínhamos de ser pacientes, concentrados, focados e não desesperar, porque seria normal que o volume ofensivo do adversário causasse alguma intranquilidade na equipa. O que não conseguimos nesses últimos 15 minutos da primeira parte foi transitar como queríamos: tivemos poucas transições, muito por mérito do Atlético Mineiro, que foi rápido e agressivo a reagir à perda da bola. Durante o intervalo, no vestiário, tivemos uma sensação incrível de energia positiva, tanto nossa quanto do grupo de trabalho. Todos estávamos confiantes de que seria possível avançar na eliminatória, apesar da adversidade. "Vai dar, vai dar, vai dar", era o que mais ouvíamos; essas palavras contagiaram o ambiente e nos fizeram acreditar, mais do que nunca.

A segunda parte começou e mantivemos a qualidade da nossa organização defensiva, por mais que ainda não conseguíssemos transitar. Perto dos 80', no entanto, tivemos uma nova expulsão. Aí enfrentamos outra situação inédita: jogar 9 contra 11 numa eliminatória. Mantivemos o foco e seguimos o plano. No final, conseguimos levar o jogo para os pênaltis – e ainda terminamos com mais remates que o Atlético, prova da qualidade de nossa organização defensiva e de nossa capacidade de travar o poderio ofensivo do adversário.

De fato, aquele parecia ser o nosso dia, mesmo depois de termos perdido (mais) uma decisão nos pênaltis recentemente contra o São Paulo, na Copa do Brasil. Desta vez, demos a confiança aos jogadores de que fossem eles a decidir quem bateria os pênaltis. Olhos nos olhos, eles escolheram os melhores cobradores para aquele momento, independente das estatísticas. (E aqui abrimos parênteses para comentar que, muitas vezes, as estatísticas no futebol se assemelham aos biquínis. O que mostram é sugestivo, mas ainda mantêm escondido o essencial. Estatística nenhuma, afinal, consegue indicar a confiança.) E então, finalmente... fomos felizes! Marcamos os seis pênaltis, nosso adversário marcou cinco, e avançamos para a próxima fase.

O que podemos dizer sobre o fato de o Abel não ter ficado no campo durante a cobrança de pênaltis – e ter ido ao vestiário ouvir música, como revelou depois? Um ato de gratidão por aquilo que o jogo já nos tinha dado. O que acontecesse a seguir... Seria o que Deus quisesse. O Abel fez o que sentiu ser o mais confortável para ele no momento.

E o que podemos dizer sobre os festejos efusivos após o último pênalti? Acontece como uma consequência das incidências da própria partida. Foi a primeira vez que vencemos um jogo com 9 (e que jogo!) e a primeira vez que vencemos nos pênaltis, depois de cinco derrotas consecutivas nesse tipo de decisão. Uma reação natural. As palavras nem sempre são capazes de traduzir as emoções.

VÍDEO: PÓS-JOGO PALMEIRAS X ATLÉTICO-MG
(LIBERTADORES – QUARTAS – VOLTA)

"Eu já vos disse que as vitórias são como uma espada: não se senta. Eu vos disse antes de começar o jogo: acontecesse o que acontecesse, amanhã estávamos lá outra vez para continuar a nossa caminhada. Está certo? Agora nós temos que, o mais rápido possível, esvaziar essa adrenalina que temos dentro de nós, porque daqui a três dias, temos que competir outra vez. Parabéns mais uma vez. Não se sentem na espada: é preciso trabalhar duro, é preciso sofrer. Tivemos dois jogos, lá e cá: foi preciso sofrer, foi preciso acreditar, competir, ter fé, mais a vossa capacidade, superação. Isto é fruto do vosso trabalho. É vosso mérito. Guardem isso para vocês."

Abel Ferreira

VAMOS DEFENDER O QUE É NOSSO

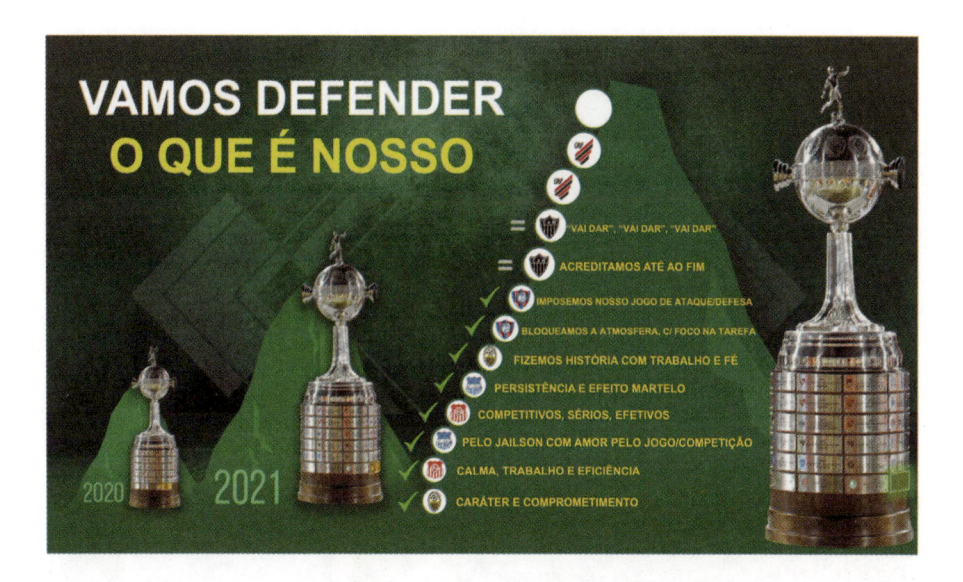

= "VAI DAR", "VAI DAR", "VAI DAR"
= ACREDITAMOS ATÉ AO FIM
✓ IMPOSEMOS NOSSO JOGO DE ATAQUE/DEFESA
✓ BLOQUEAMOS A ATMOSFERA, C/ FOCO NA TAREFA
✓ FIZEMOS HISTÓRIA COM TRABALHO E FÉ
✓ PERSISTÊNCIA E EFEITO MARTELO
✓ COMPETITIVOS, SÉRIOS, EFETIVOS
✓ PELO JAILSON COM AMOR PELO JOGO/COMPETIÇÃO
✓ CALMA, TRABALHO E EFICIÊNCIA
✓ CARÁTER E COMPROMETIMENTO

2020 2021

Nas semifinais, encontraríamos novamente um time brasileiro: desta vez, o Athletico Paranaense, que desde maio era comandado por Luiz Felipe Scolari.

Jogo 11. Athletico Paranaense (fora): as duas expulsões da eliminatória anterior nos obrigaram a mexer na equipa mais utilizada. Esse foi um jogo taticamente complicado, um encaixe total de sistemas e duas equipas com a mesma qualidade e rigor de organização defensiva. Aos 4', tivemos uma oportunidade clara de gol, que não concretizamos. Depois, aos 23', sofremos o 1x0 num lance de mau posicionamento defensivo na zona mais importante do jogo: a área. Tentamos ir atrás, mas não conseguimos. Ainda depois de termos ficado com jogador a mais, aos 24 do segundo tempo, esperávamos ter a capacidade de produzir mais situações de finalização, algo que não aconteceu ou que aconteceu somente através de remates de fora de área. Muito mérito do nosso adversário e muito demérito nosso também. Por que perdemos? Por nossa "performance e falta de eficácia".

Jogo 12. Athletico Paranaense (casa): sabíamos que, depois do desaire anterior (uma derrota como visitante – algo que não havia acontecido até então na nossa história na competição), em casa tínhamos de ganhar... ou ganhar. E a verdade é que empatamos a eliminatória com 3' de jogo. Não podíamos ter tido melhor entrada na partida. Sentimos que nesse momento fizemos o mais difícil: marcar um golo no CAP. Entretanto, o mais difícil estava mesmo para chegar. No final da 1ª parte, tivemos novamente uma expulsão... Novamente! E agora com um a menos, buscamos e conseguimos o mais difícil: o 2x0, aos 55' minutos, num arremesso lateral longo, situação que treinamos com bastante frequência. Depois e com esse "mais difícil" cumprido, não fomos capazes de segurar o resultado ou "matar o jogo" – uma vez que tivemos oportunidades para isso. E foi aí que perdemos a vantagem na eliminatória. O primeiro golo adversário surgiu num erro coletivo defensivo; já o segundo... faz parte das vicissitudes do futebol. No final da partida, apesar da eliminação, tivemos o reconhecimento do público pelo nosso esforço, dedicação e caráter. Empatamos e caímos na Libertadores por "vontade de Deus e mérito do adversário".

Saímos frustrados por ficar de fora da tão desejada decisão continental. Mas o fato de desta vez não termos chegado ao topo em nada diminui o valor de nossa campanha. Basta ver quantas equipas lograram chegar às semifinais da Libertadores em anos consecutivos – algo que nós fizemos não apenas em duas, mas em três temporadas, com duas finais e dois títulos. Dito assim, pode até parecer banal, mas sabemos muito bem o quanto nos custou. Maior que as montanhas que enfrentamos, pois, é o orgulho de cada momento desta longa escalada ao lado de nossos jogadores.

VÍDEO: PÓS-JOGO PALMEIRAS X ATHLETICO-PR
(LIBERTADORES – SEMI – VOLTA)

"Sou-vos muito sincero: preferia ter perdido de outra maneira. De outra maneira. Mas temos que aceitar. Temos que aceitar da forma como foi. Eu não conheço nenhum guerreiro, nenhum, que não tenha as cicatrizes aqui no peito, e esta é mais uma este ano. Eu disse lá atrás, foi da Copa do Brasil, da forma como foi, e hoje da forma como foi. Mas meus amigos, faço-vos só um pedido: aceitem. Deem os parabéns ao nosso adversário, que não tem culpa nenhuma. 24 horas é o que vos peço. Amanhã vamos ter descanso, vão para casa descansar. Temos 13 finais até o fim, com esta atitude. Isso vocês tem que meter em vossa cabeça. Só temos uma obrigação: eu só tenho uma obrigação e a única obrigação que vos peço é cada um dar o melhor que sabe e que pode na sua função. Essa dor que a gente tem aqui, vamos guardá-la aqui, e vai fazer parte da nossa caminhada. São estas as cicatrizes que nós temos que coser. E vamos nos preparar para as nossas 13 finais."

Abel Ferreira

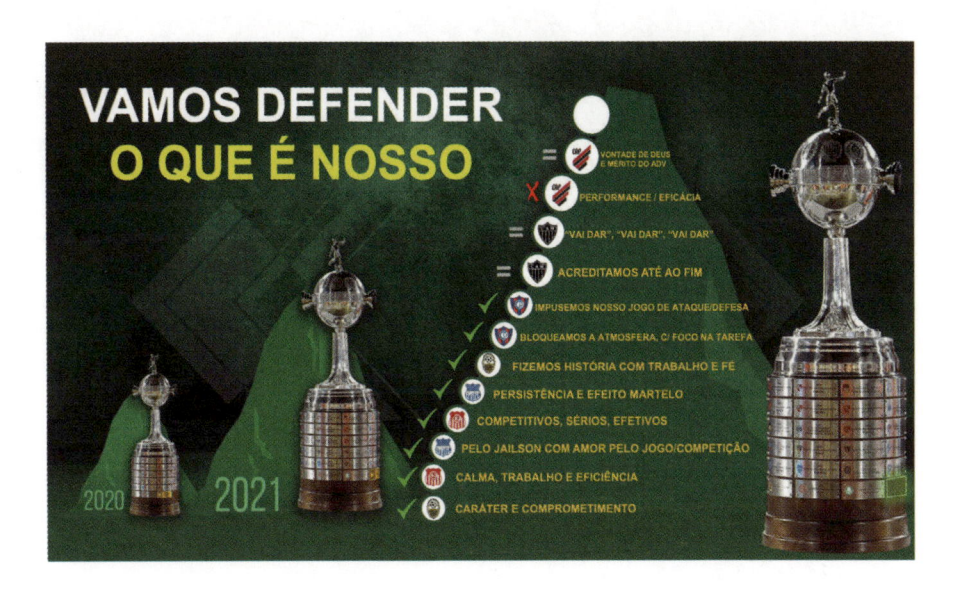

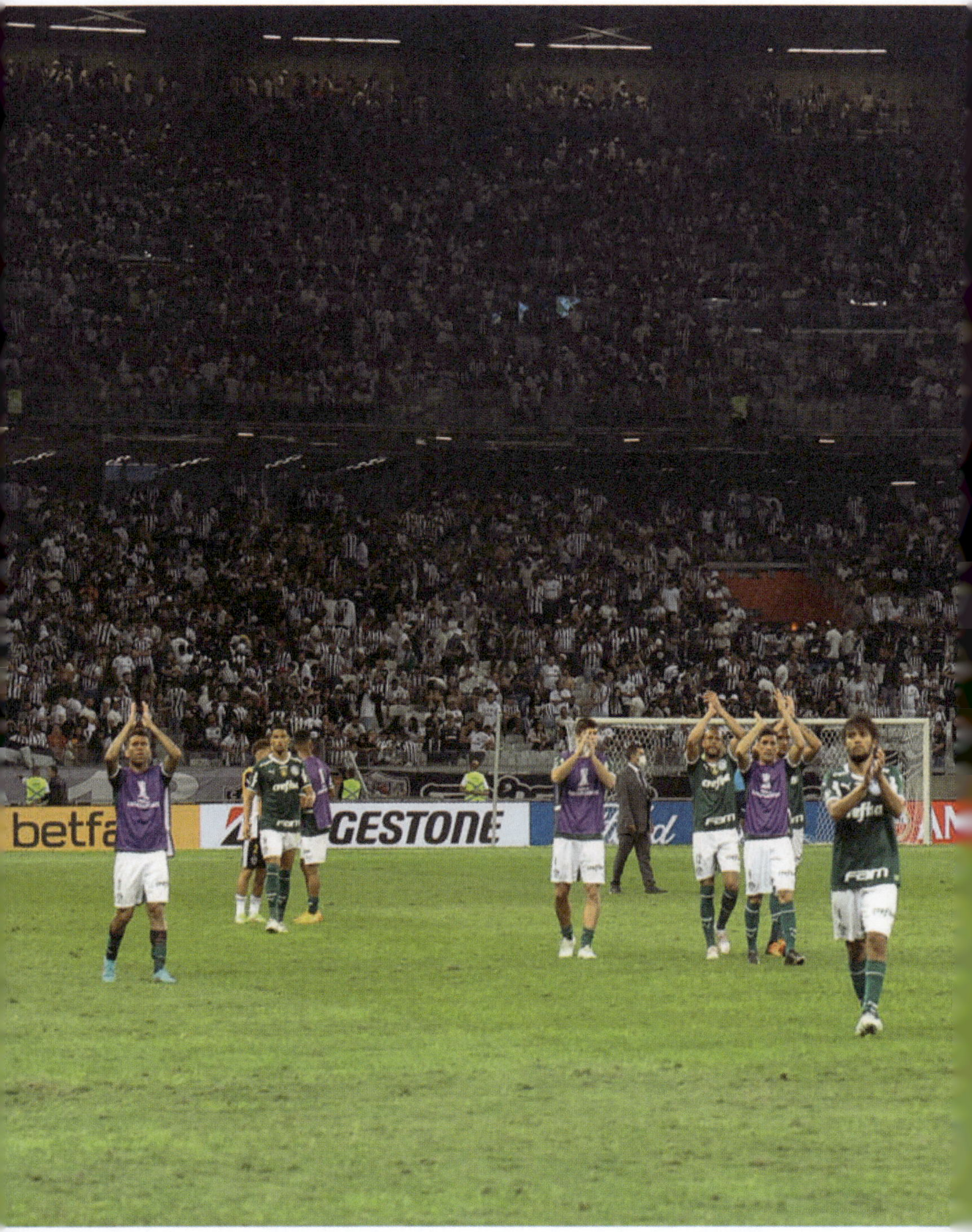
betfa
GESTONE

CURVA 5 109

Curva 6

Com 38 jogos, o Campeonato Brasileiro é, em termos de extensão, a curva mais longa da temporada. E, sob vários aspectos, também a mais complicada. Só quem o disputou é que tem a real noção da dificuldade que é disputá-lo. Quando o analisamos da Europa, não temos a completa noção das adversidades que este torneio impõe a seus postulantes. Antes do início da edição de 2022, já havíamos disputado um campeonato (2021) e meio (2020), em que experimentamos as diversas condicionantes que tornam o Brasileirão apaixonante e difícil ao mesmo tempo: alta competitividade, viagens longuíssimas, diferenças absurdas de clima, gramados desiguais, adversários peculiares, torcidas "mandantes" que têm a capacidade de ganhar jogos... E, por fim e não menos importante, o calendário congestionado, que torna o futebol brasileiro tão imprevisível!

Nossa vivência, portanto, confirmou o que os números de nossa análise inicial do campeonato haviam demonstrado: o campeão brasileiro tem na média dos últimos anos cerca de 71% de aproveitamento em 38 jogos, número muito abaixo de outros campeões nacionais (português 84%, 34 jogos; inglês 83%, 38 jogos; alemão 81%, 34 jogos; espanhol 79%, 38 jogos; italiano 79%, 38 jogos).

Por termos consciência do que iríamos enfrentar, fizemos uma reunião inicial prévia ao Brasileirão 2022 e decidimos apresentar um slide elencando todos aqueles que já haviam ganho a competição e todos aqueles que ainda não a tinham vencido (nós incluídos). E, no intuito de entender e aproveitar a experiência dos jogadores titulados, perguntamos: "Qual o segredo para conquistar um Campeonato Brasileiro?".

> Pergunta para quem já ganhou:
>
> **Qual o segredo para conquistar um campeonato brasileiro?**

As respostas foram exatamente ao encontro dos dados estatísticos dos campeões que nós já tínhamos prontos para exibir no slide posterior: ser a melhor defesa (que significa consistência defensiva e sofrer poucos golos), grande aproveitamento em casa (que significa carimbar três pontos em nossos domínios e pontuar como visitante) e, idealmente, fazer 20 pontos a cada 10 jogos (o que nos aproximaria do "número mágico" de 80 pontos com que o Palmeiras tinha vencido o Brasileirão tanto em 2016 quanto em 2018).

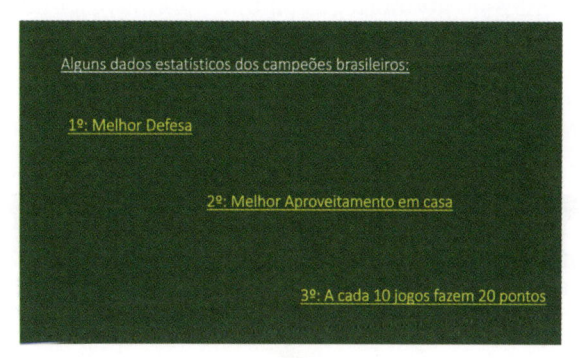

> Alguns dados estatísticos dos campeões brasileiros:
>
> 1º: Melhor Defesa
>
> 2º: Melhor Aproveitamento em casa
>
> 3º: A cada 10 jogos fazem 20 pontos

Depois, revelamos aos atletas a capa de apresentação da competição. Inspirados num jogo de tabuleiro que só conhecemos no Brasil, montamos um "ludo" do Campeonato Brasileiro, com 38 casas, cada uma representando uma rodada do torneio. Nessa imagem, teríamos os nossos resultados consoante os adversários, os nossos objetivos de resultado (pontos) e os nossos objetivos de processo (melhor defesa e aproveitamento em casa). E incluímos nele também o slogan que adotamos para abordar esta competição: *Jogo a Jogo*, que se tornou um de nossos mantras.

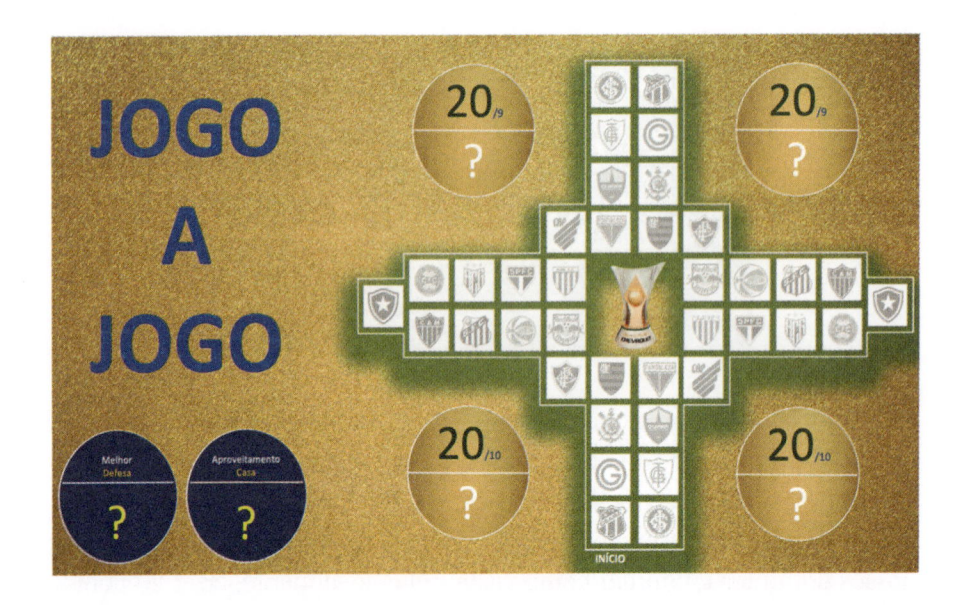

Finalizamos a reunião com uma última pergunta: "Estamos fechados com os nossos objetivos coletivos?". O Abel fez essa pergunta a TODOS os jogadores presentes no auditório, um a um; e todos responderam "sim" de forma convincente. Era uma espécie de compromisso entre treinador e jogadores, e entre jogadores e jogadores, de que tudo faríamos para alcançar nossos objetivos coletivos.

Novamente com base na separação dos adversários em dois grupos (G8 e G11, como referimos na volta 60), traçamos uma tabela de projeção de pontos para os dois turnos. Com o rebaixamento do Grêmio em 2021, trouxemos para o G8 o Athletico Paranaense.

Projeção da Pontuação do Brasileirão 2022

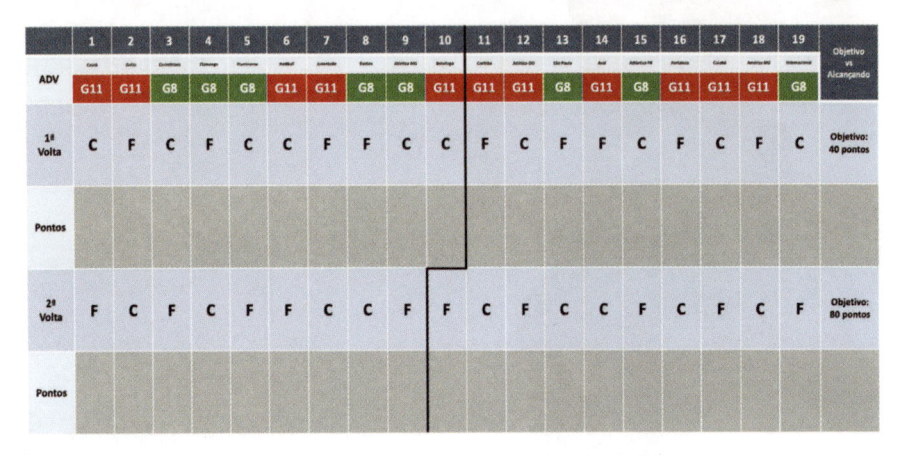

	1	2	3	4	5	6	7	8	9	10	11	12	13	14	15	16	17	18	19	Objetivo vs Alcançando
ADV	G11	G11	G8	G8	G8	G11	G11	G8	G8	G11	G11	G11	G8	G11	G8	G11	G11	G11	G8	
1ª Volta	C	F	C	F	C	C	F	F	C	C	F	C	F	F	C	F	C	F	C	Objetivo: 40 pontos
Pontos																				
2ª Volta	F	C	F	C	F	F	C	C	F	F	C	F	C	C	F	C	F	C	F	Objetivo: 80 pontos
Pontos																				

PRIMEIRO TURNO

Em termos de resultados, não começamos bem a competição: nas cinco primeiras rodadas, obtivemos apenas 6 pontos em 15 possíveis[1] – aproveitamento que deixa ainda mais a desejar quando levamos em conta que fizemos três jogos em casa e dois fora. Estreamos com derrota no Allianz Parque para o Ceará, em um sábado à noite que fechou uma semana em que havíamos vencido a final do Paulista no domingo e atuado na Venezuela pela Libertadores na quarta. O adversário abriu 2x0 logo no início e, por mais que tentássemos, ficamos sem energia mental e física para voltar à partida.

Mas o campeonato é uma "maratona". Assim sendo, o que importa não é como começa. É como acaba.

---

1 E agora? O que podemos fazer em momentos como esses? Ter calma, confiar no processo e continuar a trabalhar, trabalhar e trabalhar.

A partir da rodada 6, reagimos e conseguimos uma sequência invicta de sete vitórias e um empate – 22 pontos em 24 possíveis. Recuperamos aquele início desfavorável e, ao final da rodada 8, já havíamos alcançado a liderança da tabela.

Esta sequência não foi surpreendente, uma vez que até aquele momento da temporada havíamos sido uma equipa bastante sólida em termos de desempenho e estávamos a fazer uma temporada tremendamente boa em termos de resultados. O mais surpreendente foi mesmo nosso início inconsistente no Brasileirão. Procurando justificativas para a performance irregular nessas primeiras rodadas, talvez o fato de termos disputado tantas competições nos meses de abril e maio – final do Paulista, 6 jogos da fase de grupos da Libertadores, 2 jogos da Copa do Brasil e 8 jogos do Brasileirão – levou a que nem sempre tivéssemos a capacidade de "virar a chave" entre competições. Quando se trata de partidas de competições "curtas" e "decisivas", é muito mais complicado mudar o foco para jogos de uma competição longa do que o contrário.

Por mais que já nos encontrássemos no lugar que queríamos na rodada 8 (liderança), não podíamos descuidar. O importante era nos mantermos estáveis e equilibrados, sempre andando lá em cima – até porque, devido à alta competitividade do Brasileirão, a diferença de pontos entre as equipes que disputam as seis primeiras colocações sempre é pequena. Derrotas e empates em dois ou três jogos consecutivos poderiam nos fazer cair sensivelmente na tabela, até mesmo para fora do G4, dependendo da combinação de resultados. Assim, era fundamental conseguimos acumular o máximo de pontos possíveis, jogo a jogo, para nos garantir uma margem de segurança – temos, afinal, plena consciência de que passaremos por partidas que não conseguiremos ganhar, tal qual todos os outros postulantes ao título.

E foi exatamente o que aconteceu. Ao final da rodada 13, depois da série positiva a que referimos acima, tínhamos 3 pontos de vantagem para o vice-líder (Corinthians) e 7 pontos para o terceiro, quarto e quinto colocados (Athletico Paranaense, Atlético Mineiro e Internacional). A seguir, porém, tivemos três partidas sem vitória – dois empates e uma derrota. A "gordura" que construímos foi suficiente para manter a liderança, mas as diferenças agora haviam caído: 1 ponto para o vice-líder (Corinthians) e 2 para o terceiro e quarto (Atlético Mineiro e Internacional), ao término da jornada 16.

Restavam três partidas até o final do primeiro turno. Cabia a nós, mais uma vez, reagirmos – aos adversários, ao calendário e às interferências vindas de dentro e fora das quatro linhas, como o Abel referiu após o jogo do Internacional. "Só espero e desejo que este campeonato seja resolvido dentro das quatro linhas pelas duas equipes que têm que ser protagonistas".

E a resposta dos jogadores, apesar das dificuldades, foi brutal. Vencemos mais três jogos consecutivos e não apenas protegemos nossa liderança como ainda a ampliamos. Fechamos o primeiro turno com uma difícil vitória por 2 a 1 sobre o Internacional, também no Allianz Parque, em que o golo decisivo veio nos minutos finais do jogo. A esta altura da temporada, com o desgaste físico e mental de uma corda esticada desde o primeiro dia de trabalho, nos encheu de orgulho ver nossos atletas buscando energias de onde não tínhamos, em comunhão com os torcedores, que também acreditaram até o fim.

Terminamos esta fase com 39 pontos, 4 acima do vice-líder (Corinthians), 5 acima do terceiro colocado (Fluminense) e 7 acima do quarto (Atlético Mineiro). Estávamos no caminho certo para o destino que pretendíamos atingir.

Em termos dos nossos objetivos de resultado, estavamos portanto no 1º lugar na tabela geral, no 1º lugar de golos marcados, no 1º lugar de golos sofridos, no 1º lugar de aproveitamento como visitante e no 2º lugar de aproveitamento como mandante.

CLASSIFICAÇÃO	J	Pts	MANDANTE	J	Pts	VISITANTE	J	Pts	ATAQUE	J	Pts	DEFESA	J	Pts
Palmeiras	19	39	Corinthians	9	21	Palmeiras	9	19	Palmeiras	19	31	Palmeiras	19	13
Corinthians	19	35	Palmeiras	10	20	Fluminense	9	15	Bragantino	19	30	Santos	19	16
Fluminense	19	34	Coritiba	10	20	Atletico MG	9	14	Fluminense	19	29	Flamengo	19	18
Atletico MG	19	32	Flamengo	9	19	Internacional	10	14	Sao Paulo	19	28	Corinthians	19	19
Athletico PR	19	31	Fluminense	10	19	Botafogo	10	14	Atletico MG	19	27	Ceara	19	19
Flamengo	19	30	Santos	10	18	Corinthians	10	14	Internacional	19	27	Internacional	19	20
Internacional	19	30	Athletico PR	9	18	Ceara	10	13	Flamengo	19	26	Fluminense	19	20
Bragantino	19	27	Atletico MG	10	18	Athletico PR	10	13	Athletico PR	19	24	Cuiaba	19	20
Santos	19	26	Bragantino	10	17	Flamengo	10	11	Corinthians	19	24	Atletico MG	19	20
Sao Paulo	19	26	Avai	10	17	Bragantino	9	10	Coritiba	19	22	Athletico PR	19	20
Ceara	19	24	Internacional	9	16	Sao Paulo	10	10	Santos	19	22	America MG	19	22
Botafogo	19	24	Sao Paulo	9	16	Goias	10	9	Goias	19	21	Fortaleza	19	23
Goias	19	22	America MG	9	14	Cuiaba	10	9	Avai	19	20	Bragantino	19	23
Coritiba	19	22	Goias	9	13	Santos	9	8	Ceara	19	20	Sao Paulo	19	24
America MG	19	21	Cuiaba	9	11	America MG	10	7	Botafogo	19	19	Botafogo	19	24
Avai	19	21	Atletico GO	10	11	Juventude	9	7	Atletico GO	19	18	Goias	19	25
Cuiaba	19	20	Ceara	9	11	Fortaleza	9	6	Juventude	19	16	Atletico GO	19	28
Atletico GO	19	17	Botafogo	9	10	Atletico GO	9	6	Fortaleza	19	15	Coritiba	19	30
Juventude	19	16	Fortaleza	10	9	Avai	9	4	Cuiaba	19	14	Avai	19	30
Fortaleza	19	15	Juventude	10	9	Coritiba	9	2	America MG	19	13	Juventude	19	32

Em termos de pontuação, atingimos 39 pontos, ficando um ponto aquém dos 40 que pretendíamos obter. Na divisão do turno em duas partes, conseguimos 19 pontos em 10 jogos na primeira parte do turno e 20 pontos em 9 jogos na segunda parte do turno; o objetivo era 20 pontos na primeira parte do turno (10 jogos) e 20 pontos na segunda parte do turno (9 jogos).

Do ponto de vista global e entendendo os grupos G8 e G11, atingimos 24 em 33 pontos contra equipas do G11 e alcançamos 15 em 24 pontos contra equipas do G8. 72% e 63% de aproveitamento, respectivamente. No total, atingimos 39 pontos e um aproveitamento de 68%.

Projeção da Pontuação do Brasileirão 2022

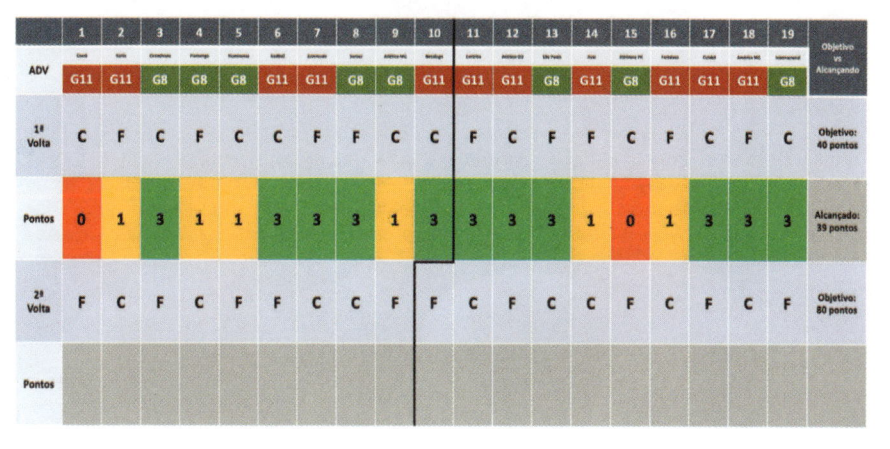

	1	2	3	4	5	6	7	8	9	10	11	12	13	14	15	16	17	18	19	Objetivo vs Alcançando
ADV	G11	G11	G8	G8	G8	G11	G11	G8	G8	G11	G11	G11	G8	G11	G8	G11	G11	G11	G8	
1ª Volta	C	F	C	F	C	C	F	F	C	C	F	C	F	F	C	F	C	F	C	Objetivo: 40 pontos
Pontos	0	1	3	1	3	3	3	1	3	3	3	3	3	1	0	1	3	3	3	Alcançado: 39 pontos
2ª Volta	F	C	F	C	F	F	C	C	F	F	C	F	C	C	F	C	F	C	F	Objetivo: 80 pontos
Pontos																				

SEGUNDO TURNO

O segundo turno começou de uma forma totalmente diferente do primeiro. Nos 5 jogos iniciais do 1º turno havíamos feito 6 pontos. Nos primeiros 5 jogos do 2º turno fizemos 11 pontos – quase o dobro, portanto.

E com um dado curioso acontecendo neste período: tivemos uma sequência de três confrontos consecutivos contra aqueles clubes que, na rodada em questão, ocupavam a segunda colocação do campeonato. Enfrentamos o Corinthians (fora), o Flamengo (casa) e o Fluminense (fora) em momentos em que éramos os líderes da competição e nosso adversário era, de forma isolada, o vice-líder. Jogos como esses envolvem uma carga emocional muito grande, por se tratarem de duelos cruciais para a definição de uma competição por pontos corridos – mesmo tratando-se de um campeonato de rodadas, estas são partidas que podem ser consideradas como finais! Além disso, quem está na vice-liderança chega com menos pressão e responsabilidade do que o líder. Como em contextos assim pode acontecer de o medo de perder inibir a vontade de ganhar, o Abel trabalhou mentalmente os jogadores com uma abordagem justamente nesse sentido: focando na vontade de vencer.

Resultado? Uau! Que qualidade! Que mentalidade! Que resposta à altura nossos jogadores deram nestes grandes duelos. Desafios superados com sucesso!

Eis que, após esses jogos de bons resultados desportivos e grande impacto emocional, acontece o momento-chave do semestre: a semifinal da Copa Libertadores que disputamos contra o Athletico Paranaense. Perdemos o jogo de ida e empatamos o jogo de volta depois de estarmos a vencer por 2x0 com menos um jogador; acabamos por ser eliminados em nossa casa, perante os nossos adeptos, depois de termos feito o mais difícil (marcar dois golos, o segundo jogando com 10 contra 11). Entre os dois confrontos com o Athletico, ainda tivemos um jogo a contar para a 25ª rodada do Brasileirão, em que foi muito difícil fazer a virada de chave de competição.

Com a desclassificação na Libertadores, o Brasileirão se tornou o único torneio a disputar. Foi nesse momento e após a eliminação difícil de digerir que o Abel lançou o mote: "Faltam 13 jogos e são 13 finais".

Nesse momento, assumimos o compromisso de encarar cada jogo como se uma final se tratasse. E como o Abel sempre nos incentiva para acompanhar os melhores naquilo que fazem, tivemos também a ideia de criar uma lona com uma mensagem que nos acompanhasse em todos os jogos. Nessa lona estavam quatro palavras que definiam a nossa equipa e que queríamos que estivessem presentes dentro de campo nos últimos 13 jogos do campeonato: uma palavra escolhida pela comissão (Mentalidade) e três palavras escolhidas pelos três capitães, Weverton, Rocha e Gómez (Comprometimento, Equilíbrio e Vontade, respectivamente – incrível como é fácil de relacionar qual capitão escolheu qual palavra!). Nessa mensagem, e mais uma vez inspirados por uma situação em que vimos como "os melhores trabalham", colocamos nessa lona uma imagem de festejo/alegria de cada um dos jogadores do elenco, fossem eles do profissional ou dos elementos da base que fazem parte do nosso grupo. Mas fomos além de onde tiramos a ideia: pedimos que os jogadores assinassem a lona, como parte do "compromisso" em encarar os 13 jogos como 13 finais. Pedimos também que todos os elementos que trabalham diariamente no CT o assinassem; queríamos continuar a incentivar o sentimento de pertencimento de todos aqueles que diariamente fazem tudo para que nada nos falte.

MENTALIDADE
COMPROMETIMENTO - EQUILÍBRIO - VONTADE

Nesta fase da temporada, o Abel também deu início ao uso de outro mantra: "Não sei qual vai ser o jogo do título, por isso temos de encarar cada jogo como o jogo do título". Essa mensagem foi um gatilho mental fundamental para estimular o desejo e a capacidade de encarar cada jogo como uma decisão de final.

E chegamos ao destino que pretendíamos chegar e da forma que queríamos chegar!

Terminamos o campeonato com 81 pontos, 8 acima do vice-líder, 11 acima do terceiro colocado e 16 acima do quarto. Em termos dos nossos objetivos de resultado, ficamos portanto no 1º lugar na tabela geral, no 1º lugar de golos marcados, no 1º lugar de golos sofridos, no 1º lugar de aproveitamento como visitante e no 2º lugar de aproveitamento como mandante.

CLASSIFICAÇÃO		J	Pts
Palmeiras		38	81
Internacional		38	73
Fluminense		38	70
Corinthians		38	65
Flamengo		38	62
Atletico MG		38	58
Athletico PR		38	58
Fortaleza		38	55
Sao Paulo		38	54
America MG		38	53
Botafogo		38	53
Santos		38	47
Goias		38	46
Bragantino		38	44
Coritiba		38	42
Cuiaba		38	41
Ceara		38	37
Atletico GO		38	36
Avai		38	35
Juventude		38	22

MANDANTE		J	Pts
Internacional		19	44
Palmeiras		19	43
Corinthians		19	40
Fluminense		19	39
Athletico PR		19	39
Coritiba		19	37
Flamengo		19	36
America MG		19	31
Sao Paulo		19	30
Fortaleza		19	29
Santos		19	29
Atletico MG		19	29
Bragantino		19	29
Cuiaba		19	26
Goias		19	26
Avai		19	25
Atletico GO		19	23
Botafogo		19	22
Ceara		19	20
Juventude		19	15

VISITANTE		J	Pts
Palmeiras		19	38
Fluminense		19	31
Botafogo		19	31
Atletico MG		19	29
Internacional		19	29
Flamengo		19	26
Fortaleza		19	26
Corinthians		19	25
Sao Paulo		19	24
America MG		19	22
Goias		19	20
Athletico PR		19	19
Santos		19	18
Ceara		19	17
Cuiaba		19	15
Bragantino		19	15
Atletico GO		19	13
Avai		19	10
Juventude		19	7
Coritiba		19	5

ATAQUE		J	Pts
Palmeiras		38	66
Fluminense		38	63
Flamengo		38	60
Internacional		38	58
Sao Paulo		38	55
Bragantino		38	49
Athletico PR		38	48
Fortaleza		38	46
Atletico MG		38	45
Corinthians		38	44
Santos		38	44
Botafogo		38	41
America MG		38	40
Goias		38	40
Atletico GO		38	39
Coritiba		38	39
Avai		38	34
Ceara		38	34
Cuiaba		38	31
Juventude		38	29

DEFESA		J	Pts
Palmeiras		38	27
Internacional		38	31
Corinthians		38	36
Atletico MG		38	37
Fortaleza		38	39
Flamengo		38	39
America MG		38	40
Santos		38	41
Fluminense		38	41
Ceara		38	41
Sao Paulo		38	42
Cuiaba		38	42
Botafogo		38	43
Athletico PR		38	48
Goias		38	53
Atletico GO		38	57
Bragantino		38	59
Coritiba		38	60
Avai		38	60
Juventude		38	69

A nível pontual, atingimos 81 pontos, ultrapassando o número de pontos que tínhamos como objetivo (80). Na divisão do segundo turno em duas partes, conseguimos 21 pontos em 9 jogos na primeira parte do turno e 21 pontos em 10 jogos na segunda parte do turno; o objetivo era 20 pontos na primeira parte do turno (10 jogos) e 20 pontos na segunda parte do turno (9 jogos). Ultrapassamos também esse objetivo.

Do ponto de vista global e entendendo os grupos G8 e G11, atingimos 51 em 66 pontos contra equipas do G11 e 30 em 48 pontos contra equipas do G8. 77% e 62,5% de aproveitamento, respectivamente. No total, atingimos 81 pontos e um aproveitamento de 71%.

Projeção da Pontuação do Brasileirão 2022

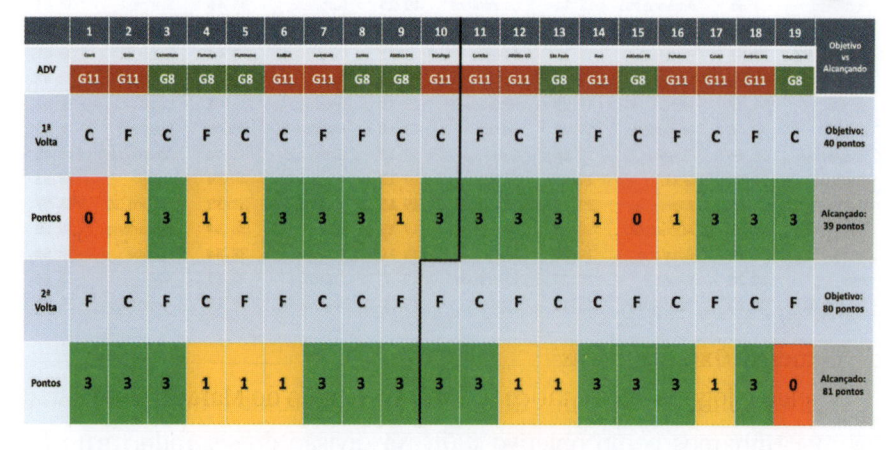

	1	2	3	4	5	6	7	8	9	10	11	12	13	14	15	16	17	18	19	Objetivo vs Alcançando
ADV	G11	G11	G8	G8	G8	G11	G11	G8	G8	G11	G11	G11	G8	G11	G8	G11	G11	G11	G8	
1ª Volta	C	F	C	F	C	C	F	F	C	C	F	C	F	F	C	F	C	F	C	Objetivo: 40 pontos
Pontos	0	1	3	1	1	3	3	3	1	3	3	3	3	1	0	1	3	3	3	Alcançado: 39 pontos
2ª Volta	F	C	F	C	F	F	C	C	F	F	C	F	C	C	F	C	F	C	F	Objetivo: 80 pontos
Pontos	3	3	3	1	1	1	3	3	3	3	1	1	3	3	3	1	3	0		Alcançado: 81 pontos

Tendo em conta os objetivos que havíamos definido, alcançamos:
- Melhor defesa: cumprido
- Melhor mandante: não cumprido (2º melhor)
- 10 pontos a cada 20 jogos: cumprido

REFLEXÕES JOGO A JOGO

Num campeonato tão longo como o Brasileirão, é importante tirarmos conclusões e fazermos reflexões a cada jogo, de modo a tentar manter a desejada consistência que nos permita vencer um torneio desse gênero. Como referimos, o Abel usou dois mantras para o torneio nesta temporada, sempre reforçando a importância e o fator decisivo de cada partida. Com base nesse discurso, de cada jogo tiramos uma reflexão. Que compartilhamos a seguir:

Rodada 1 – 09/Abril
Palmeiras 2x3 Ceará
Adversário fez dois gols nas duas primeiras tentativas, antes dos primeiros 15 minutos de jogo. Mesmo com o 1x3 e o desgaste físico da viagem anterior, lutamos até o fim e marcamos nosso segundo golo aos 50 do 2º tempo!
Reflexão #1: Numa "maratona" (subentenda-se, campeonato por pontos corridos), o mais importante não é o primeiro passo, mas sim a consistência da caminhada e como chegamos ao final.

Rodada 2 – 16/Abril
Goiás 1x1 Palmeiras
Mais uma vez, até o fim. Fomos buscar o empate aos 50 minutos do segundo tempo, numa partida onde poderíamos e deveríamos ter resolvido o jogo na primeira etapa.
Reflexão #2: Empatar um jogo que merecíamos totalmente ganhar pode parecer um mau resultado... Mas olhando para o copo meio cheio: acreditamos até o fim e pontuamos num estádio sempre complicado de jogar.

Rodada 3 – 20/Abril
Flamengo 0x0 Palmeiras
Excelente jogo técnico e tático à altura do estádio do Maracanã; só faltou saírem os gols...
Reflexão #3: Como diz o Abel, para dançar temos de ter um bom par. E para haver um bom espetáculo tem de haver duas equipas que queiram o mesmo espetáculo (e uma terceira equipa que o possibilite!). Assim foi na 3ª rodada: que jogo!

Rodada 4 – 23/Abril
Palmeiras 3x0 Corinthians

"Futebol total" no Derby: fizemos três golos e poderíamos ter feito mais. Como definiu o Abel: "Nós temos três rotas de ataque: ou vamos por dentro, ou por fora ou em profundidade. Hoje fomos de todas as maneiras". Tivemos dinâmica, intensidade e forte jogo coletivo. Um Derby nem sempre é bem jogado, são jogos de mais duelos e pegada. Não foi o caso deste. Foi um jogo muito bem jogado.

Reflexão #4: Os jogadores já têm o GPS do jogo de futebol na própria cabeça. A nossa missão é dar-lhes as coordenadas com o destino que entendemos ser o melhor – assumindo que os próprios jogadores têm liberdade para encontrar outros caminhos que os levem ao mesmo destino.

Rodada 5 – 08/Maio
Palmeiras 1x1 Fluminense

A ganhar por 1x0, sofremos o empate em um descuido. Empate com sabor amargo.

Reflexão #5: Nós nunca sabemos a consequência das nossas decisões, assim como nunca sabemos a importância de cada jogada para o resultado final. Por isso, temos que abordar cada lance como se nele estivesse a diferença entre a vitória e a derrota. Porque realmente pode estar...

Rodada 6 – 14/Maio
Palmeiras 2x0 Red Bull Bragantino

Início da reação após um mau começo de campeonato, em uma partida complicadíssima, contra uma equipe que tenta sempre dividir o jogo, tornando o duelo mais difícil. O segundo e decisivo golo veio apenas nos acréscimos.

Reflexão #6: Nos momentos de adversidade que o futebol por vezes nos coloca é que realmente conhecemos o caráter de quem nos rodeia.

Rodada 7 – 21/Maio
Juventude 0x3 Palmeiras

Gramado excelente, pudemos jogar nosso jogo e abrimos 2x0 no primeiro tempo, terminado com vitória por 3x0.

Reflexão #7: Os jogos podem se tornar fáceis ou difíceis por nossa abordagem mental a eles. Este, tornamo-lo "fácil" pela seriedade, caráter e qualidade com que o encaramos.

Rodada 8 – 29/Maio
Santos 0x1 Palmeiras

Melhor o resultado do que o rendimento. Este jogo não foi pela técnica, mas pela atitude, entrega, raça e vontade.

Reflexão #8: Quando não podemos ganhar com o perfume da qualidade técnica, temos de fazer de tudo para ganhar com o perfume do suor!

Rodada 9 – 05/Junho
Palmeiras 0x0 Atlético-MG

Tivemos cinco oportunidades, não fizemos. O Atlético teve (menos) oportunidades, também não fez. Empate adequado – mas, se tivesse de ter um vencedor, seria o Palmeiras.

Reflexão #9: Este jogo ficou marcado pelo cartão amarelo do Abel e por suas declarações no final do jogo sobre o árbitro, reincidente em termos de penalizações ao Abel. Se em outros jogos consideramos que foi justificado, neste jogo não foi. No entanto, aqui fica o nosso mea-culpa: o Abel e nós temos a noção do que temos de melhorar e do que temos de fazer para me-

lhorar. O nosso comportamento, por vezes com coração quente e cabeça quente, não condiz com aquilo que somos fora de campo nem com aquilo que pedimos aos nossos jogadores, sendo por isso algo que certamente iremos melhorar com muita reflexão, autocrítica e o tempo. Estamos a trabalhar nesse aspecto e não pedimos compreensão, pedimos somente que nos avaliem por aquilo que fazemos no presente e não pelo que fizemos no passado. Afinal, nós somos seres em permanente construção e evolução...

Rodada 10 – 09/Junho
Palmeiras 4x0 Botafogo
Atuação bela dentro de campo e fora também, no melhor público da temporada até então (40 mil pessoas). Bonita festa da torcida, com uma "onda" que até o Abel aplaudiu.
Reflexão #10: Se na rodada 8 vencemos com o perfume do suor, na rodada 10 vencemos com o perfume da qualidade – a todos os níveis: técnica, tática, física e mental! Que jogaço!

Rodada 11 – 12/Junho
Coritiba 0x2 Palmeiras
Vitória com autoridade contra uma equipe muito forte a atuar em casa.
Reflexão #11: Se sentimos que a atmosfera do jogo é um adversário extra aqui no futebol brasileiro, então a solução é tentar bloqueá-la e impor o nosso jogo, independentemente ou apesar do que se passa à nossa volta.

Rodada 12 – 16/Junho
Palmeiras 4x2 Atlético-GO
Virada histórica com quatro gols em sete minutos avassaladores!
Reflexão #12: Quando alguém pensar que não é possível fazer vários gols em pouco tempo, que se lembre deste jogo e daquilo que fizemos em sete minutos!
P.S.: "Gostaria de dedicar essa vitória de modo especial aos nossos torcedores, acho que é a primeira vez que faço isso desde que estou no Brasil. Eles tiveram um papel importantíssimo na virada, e depois a qualidade dos nossos jogadores, a crença, vontade, força, o saber lidar com os momentos do jogo." (Abel, na coletiva de imprensa.)

Rodada 13 – 20/Junho
São Paulo 1x2 Palmeiras
Nova virada com dois gols nos acréscimos, agora na casa do adversário!
Reflexão #13: Até o juiz apitar o final do jogo, é sempre possível reverter. Com fé e acreditar... Com qualidade e organização... Tudo é possível!

VÍDEO: PRELEÇÃO SÃO PAULO X PALMEIRAS (BRASILEIRO - RODADA 13)

"Vocês já jogaram muitos desses jogos. Esse é um jogo muito de controle emocional. Isso quer dizer, mais que nunca, estar focados naquilo que precisamos fazer. Estar focados em dar o melhor de nós, estar sempre positivos dentro do jogo. É um jogo que temos que aumentar a nossa agressividade competitiva. Não é maldade, não é dar porrada. É ser agressivo, é jogar pra frente, é rematar no golo, é ser duro nos duelos. OK? Portanto, não é nada mais nada menos do que aquilo que nós temos feito. Agora é só manter a consistência."

Abel Ferreira

Rodada 14 – 26/Junho
Avaí 2x2 Palmeiras
Sofremos o primeiro golo aos 51 minutos do primeiro tempo. Voltamos e viramos ainda nos 20 primeiros minutos da etapa final. Mas levamos um gol de falta e o jogo terminou empatado.

Reflexão #14: Num campeonato por pontos, por um ponto se ganha e por um ponto se perde. Apesar da frustração no final da partida, apenas no fim do campeonato vamos ter a noção se este empate foi positivo ou negativo. E a jornada continua...

Rodada 15 – 02/Julho
Palmeiras 0x2 Athletico-PR
Derrota por "afobação e falta de concentração" na hora de finalizar, de acordo com o Abel. Tivemos 35 remates. Eficiência foi o fator que nos faltou.

Reflexão #15: Por mais dados estatísticos que procuremos usar para avaliar o desempenho coletivo, o mais importante continua a ser a eficiência/eficácia de finalização. Com ela, estamos mais perto de vencer. Sem ela, estamos mais perto de perder. Neste jogo, tivemos muito coração e pouca cabeça, o que também ajuda a explicar o resultado adverso.

Rodada 16 – 10/Julho
Fortaleza 0x0 Palmeiras
Jogo encerrado antes por queda na energia elétrica... Num jogo contra uma equipa competente, ainda mais na sua própria casa.

Reflexão #16: Queremos sempre vencer, mas um empate fora de casa contra um adversário competente não é um mau resultado. Pontuamos fora de casa, num terreno difícil de jogar.

Rodada 17 – 18/Julho
Palmeiras 1x0 Cuiabá
Primeira partida após o "soco por trás, não pela frente" da eliminação da Copa do Brasil. Gol de Veron, depois deste ter sido multado pelo clube antes da decisão contra o São Paulo na partida anterior. Ironia do destino...

Reflexão #17: Enquanto treinadores, não desistimos de nenhum jogador que cometa um erro. Errar faz parte da vida e são os erros que nos fazem aprender e melhorar. Nossa missão é ajudar, ensinar, corrigir e melhorar os nossos jogadores, enquanto pessoas e profissionais. Foi assim no passado, é assim no presente e será assim no futuro.

Rodada 18 – 21/Julho
América-MG 0x1 Palmeiras

Mantivemos a regularidade fora de casa. No último lance, o adversário perdeu um gol incrível. Que sorte! E que felicidade... Faz parte do jogo.

Reflexão #18: O futebol ainda é – e esperamos que continue a ser – um jogo, com fatores imprevisíveis. Naquele último lance em que o adversário podia ter empatado, fomos felizes e tivemos sorte. A bola não entra (ou entra) por acaso! Há sempre uma força maior (os chamados "Deuses do Futebol")...

Rodada 19 – 24/Julho
Palmeiras 2x1 Internacional

O empate do adversário veio aos 36 do segundo tempo, quando nossa "bateria" já estava baixa. O apoio dos torcedores nos fez encontrar as forças para marcar o golo da vitória aos 42 minutos. "Com a nossa alma, coração e com ajuda dos torcedores ganhamos porque acreditamos até o fim", disse o Abel na coletiva. Mais uma vez...

Reflexão #19: Quando as quatro sinergias – jogadores, estrutura técnica, diretoria e torcida – estão alinhadas, estamos mais próximos de vencer. O apoio do público foi fundamental para nossa reação no momento em que o adversário fez gol. A energia que os torcedores nos passaram, com os cânticos da música "Lutem sem parar", foi imensa...

Rodada 20 – 30/Julho
Ceará 1x2 Palmeiras

Fizemos 2x0 com autoridade na primeira etapa e ficamos com um jogador a mais no início da segunda. Mas sofremos um gol de pênalti (mais uma decisão duvidosa...), fomos abaixo emocionalmente, o adversário cresceu na partida e quase empatou no final. Resistimos com bravura.

Reflexão #20: Incrível como um jogo pode ser feito de vários jogos! Por isso a necessidade de sabermos lidar emocionalmente com todos os momentos de uma partida...

Rodada 21 – 07/Agosto
Palmeiras 3x0 Goiás

Tivemos o domínio desde o começo e chegamos ao 3x0 sem ser ameaçados. Atuação para a torcida desfrutar.

Reflexão #21: Qualquer jogo que aconteça entre duelos decisivos de eliminatórias da Copa Libertadores, seja contra quem for, será sempre uma partida complicada pela questão da concentração. Cabe a nós focar os jogadores no presente, no aqui e no agora, e na necessidade de mudança de chip para a competição que estamos a disputar, para evitar surpresas desagradáveis.

Rodada 22 – 13/Agosto
Corinthians 0x1 Palmeiras

Jogo entre vice-líder e líder. "Coragem de vir na casa do adversário e discutir o resultado", como definiu o Abel. Com inteligência, personalidade e caráter, nos impusemos e saímos com a vitória.

Reflexão #22: Como o futebol é mágico! Depois do desgaste mental e físico do jogo de volta das quartas de final da Copa Libertadores, dois dias antes, esperávamos uma quebra de rendimento. Mas ela acabou por não acontecer... Por que será? Acreditamos na existência de dois fatores que não são mensuráveis: a vontade e a força mental, que são capazes de superar qualquer obstáculo.

VÍDEO: PRELEÇÃO CORINTHIANS X PALMEIRAS
(BRASILEIRO – RODADA 22)

"Quanto mais xingarem, mais focado eu tenho que estar em defender. E se não quiserem defender, fiquem com bola. Dêem um, dois, cinco, dez toques; hoje, só estão proibidos jogar de primeira – a não ser para fazer golo. É preciso aos 11 que entrarem darem já tudo lá dentro. A vontade ninguém mede. Eu não sei essa energia da vontade, do querer, quanto cada um de vocês tem dentro... mas vamos precisar, mais os cinco que estão de fora. Preparem-se. Que é aí que vamos ganhar o jogo. OK? Se perdemos o jogo, não tem problema nenhum. Agora, da nossa maneira. Da nossa maneira."

Abel Ferreira

Rodada 23 – 21/Agosto
Palmeiras 1x1 Flamengo

Novamente, jogo entre líder e vice-líder. Pela 2ª vez consecutiva! O gol sofrido na primeira parte foi um acordar. Melhoramos o volume ofensivo, conseguimos o empate e fizemos de tudo pela vitória. De qualquer forma, aceitamos o resultado.

Reflexão #23: Os duelos entre adversários diretos que lutam pelos mesmos objetivos, seja em casa ou fora, são sempre jogos de grande equilíbrio e decididos por detalhes. Por esse motivo, a eficácia é fundamental pois são partidas (normalmente) de poucas oportunidades.

Rodada 24 – 27/Agosto
Fluminense 1x1 Palmeiras

Novamente, jogo entre vice-líder e líder. A 3ª vez consecutiva! Tivemos maiores oportunidades na etapa inicial; na segunda, o adversário foi melhor e até poderia ter ganho...

Reflexão #24: Quando o medo de perder se sobrepõe à vontade de ganhar, podemos ficar totalmente inibidos e não ser capazes de fazer o mais elementar do futebol – que é ficar com bola em nossa posse e atacar o adversário.

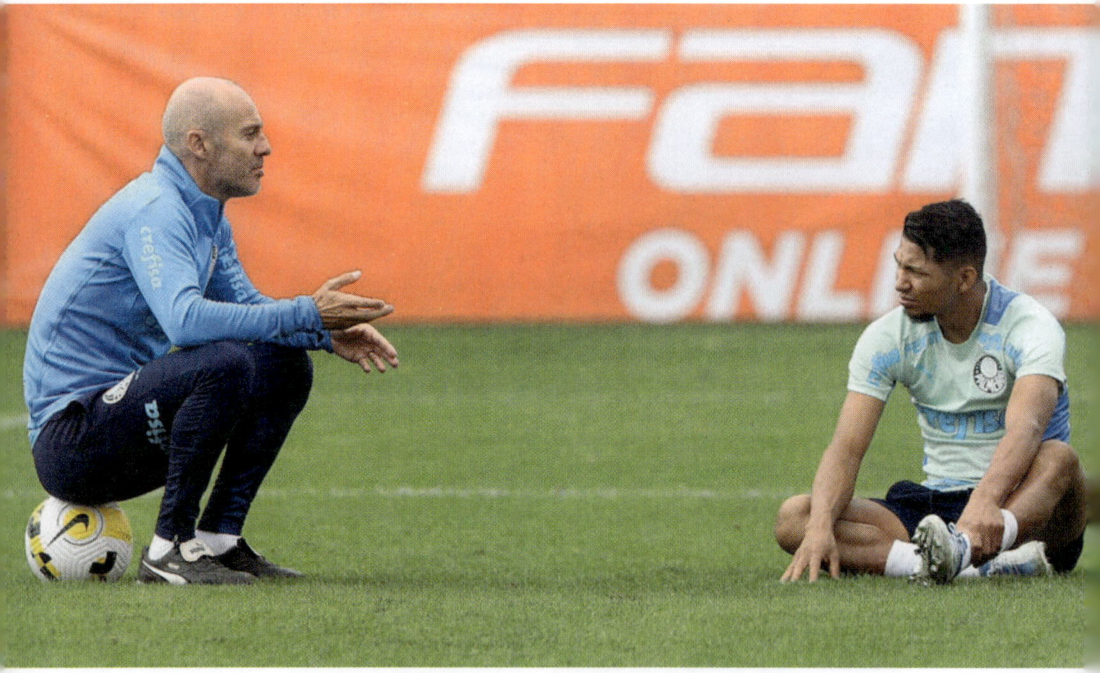

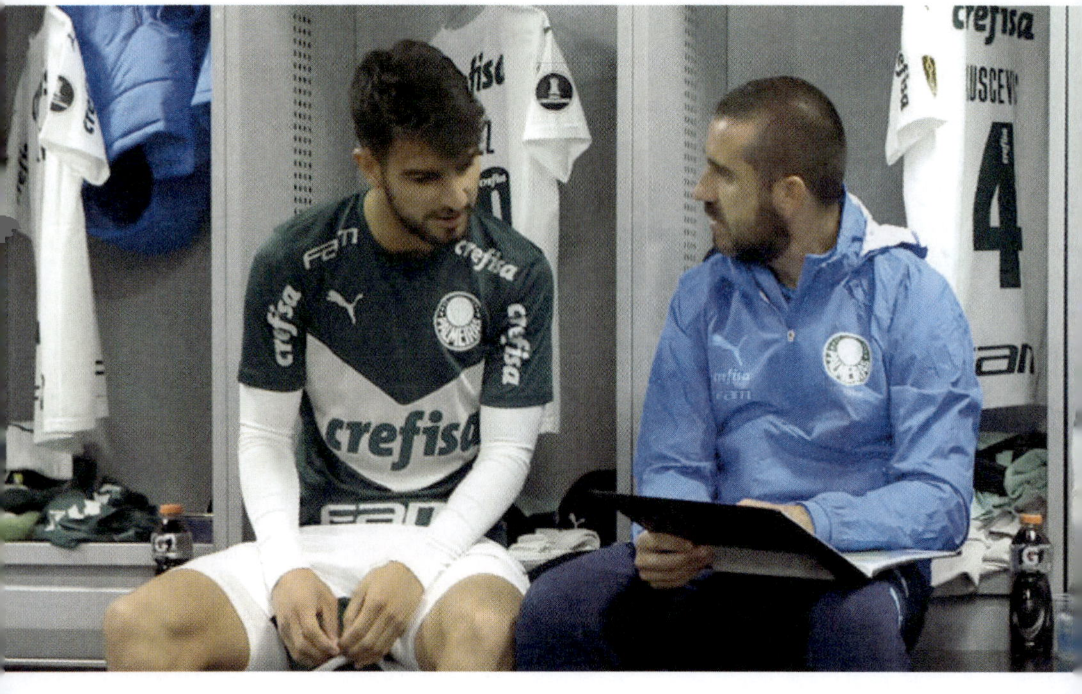
crefisa

CURVA 6 133

Rodada 25 – 03/Setembro
Red Bull Bragantino 2x2 Palmeiras

Buscamos o empate após estarmos atrás 2x0, contra uma equipe sempre difícil de enfrentar. E ainda poderíamos ter virado... O empate foi um resultado justo pelo que aconteceu nos 90 minutos.

Reflexão #25: Podemos analisar pelo copo meio vazio (a incapacidade que nos fez sofrer 2 golos e ficar a perder por 2x0) ou pelo copo meio cheio (a força mental de uma equipa que nunca desiste). Preferimos olhar para o copo meio cheio e realçar a resiliência de um grupo que jamais se dá por vencido.

Rodada 26 – 10/Setembro
Palmeiras 2x1 Juventude

Primeira partida após a eliminação na Libertadores, e por isso "a primeira das 13 finais". A vitória de que precisávamos, junto a nossos torcedores, que reconheceram nosso esforço.

Reflexão #26: Depois de uma grande derrota (ou eliminação), acreditamos na ideia de colocar a mesma equipa para dar a resposta no jogo seguinte (fizemos somente uma mexida devido ao retorno de um jogador). Afinal, acreditamos na equipa, certo?

P.S.: Obrigado a todos os nossos torcedores, em especial aos que marcaram presença em um momento duro e difícil para todos nós... Juntos somos mais fortes!

Rodada 27 – 17/Setembro
Palmeiras 1x0 Santos

Crescemos na adversidade de uma expulsão: perseguimos e conseguimos o golo mesmo com um jogador a menos. A falta de um jogador foi suprimida pelos 110% que os outros 10 jogadores deram de si, tornando-os mais fortes! Além disso, tivemos o equilíbrio emocional para dar uma resposta positiva num momento de grande adversidade.

Reflexão #27: Como é mágico, imprevisível e mental o jogo de futebol! Melhoramos o nosso rendimento e produção após uma expulsão... Difícil de acreditar, mas fácil de entender: o futebol não é linear nem é uma ciência exata.

Rodada 28 – 28/Setembro
Atlético-MG 0x1 Palmeiras

Que vitória! "O Palmeiras tem ausências de muitos titulares", diziam... Porém, no Palmeiras não há titulares nem reservas: essa é a mentalidade que construímos desde o primeiro dia. Engraçado como o futebol sempre premia o esforço de jogadores que são menos utilizados nos jogos, mas que treinam como se cada treino fosse um jogo. É um orgulho sermos treinadores de um grupo como este...

Reflexão #28: Este jogo demonstra que no futebol ninguém é insubstituível, mas todos são importantes. Vitória da força do "todos somos um" porque, neste elenco, verdadeiramente todos são um. Ah... No Palmeiras não há reservas nem titulares.

P.S.: *E a importância de profissionalizarmos a arbitragem?! Está tudo dito em um item específico de nossa reflexão sobre o futebol brasileiro, no livro "Cabeça fria, coração quente".*

Rodada 29 – 03/Outubro
Botafogo 1x3 Palmeiras

Jogo de sentido único frente a um adversário competente, organizado e bem orientado. Apesar do golo sofrido aos 20', mantivemos a calma para dar a volta com a qualidade e vontade que nos caracteriza. Viramos no primeiro tempo para 2x1 e sentenciamos no segundo com 3x1. Mais um jogo que terminamos com 10, com uma expulsão a 20 minutos do fim.

Reflexão #29: Qual é o limite de um time que nunca desiste e quer sempre mais? Não sabemos... Talvez não haja limites quando se junta a vonta-

de e o comprometimento à qualidade que sobra... Talvez não haja limites enquanto tivermos amor pelo jogo de futebol e uma paixão muito grande por competir... Talvez não haja limites para um time que quer sempre mais e nunca desiste...

> **VÍDEO: REUNIÃO DE OBJETIVOS (BRASILEIRO – RODADA 29)**
>
> *"Pergunta mágica: o que temos de continuar a fazer para manter/melhorar o nosso desempenho? Temos de nos perguntar a nós mesmos. O que eu tenho de fazer para continuar a manter ou melhorar o desempenho? Temos de continuar a fazer o mesmo... mas melhor. Se fazia 50 flexões de braços, agora tem de fazer 51. Se precisava de três para fazer golo, duas. Fazer o mesmo, mas melhor. Este é o nosso objetivo."*
>
> Abel Ferreira

Rodada 30 – 06/Outubro
Palmeiras 4x0 Coritiba

Foco total desde o começo do jogo: conseguimos marcar dois golos na primeira parte e seguimos pressionando, sem entregar a bola ao adversário. Voltamos do intervalo com o mesmo nível de competitividade e ampliamos o placar para 4x0, de forma natural. Partida marcada pela estreia de Endrick, aos 16 anos de idade, no time profissional do Palmeiras – uma estreia adiada por questões de idade/contratuais e por uma lesão que o próprio teve após completar 16 anos. Trata-se de um jogador com um talento especial e que por isso merece o maior cuidado na gestão de expectativas internas e externas, para não acontecer o mesmo que aconteceu a muitos outros atletas com talento que não conseguiram vingar.

Reflexão #30: Neste tipo de jogos em que somos tecnicamente melhores, o segredo é a nossa capacidade de não deixar que o adversário se iguale na dimensão tática, física e mental. Se fizermos isso, estaremos sempre muito mais próximos da vitória.

Rodada 31 – 10/Outubro
Atlético-GO 1x1 Palmeiras

Um jogo frente a um adversário que lutava pelo rebaixamento no Brasileirão, mas cuja tabela classificativa não demonstrava a real valia da equipa, que alcançou a semifinal da Sul-Americana. Ademais, enfrentamos a dificuldade de jogar no estádio do adversário. Jogo em que entramos bem, mas baixamos de rendimento no final do primeiro – quando o adversário teve duas oportunidades de golo. Marcamos um golo no segundo tempo e depois não conseguimos segurar o resultado, tendo o adversário conseguido empatar.

Reflexão #31: Por mais que quiséssemos vencer, seguimos o mesmo princípio dos jogos fora de casa: quando não se pode ganhar, não se perde!

Rodada 32 – 16/Outubro
Palmeiras 0x0 São Paulo

O contexto do jogo, clássico, antevia-nos um jogo muito difícil e muito disputado, pois neste tipo de duelo o momento da equipa não tem interferência na equação. São jogos diferentes. Primeira parte equilibrada, com oportunidades para ambos os lados; na segunda parte, fomos claramente melhores, com caudal ofensivo traduzido no número de remates, número de escanteios, número de expulsões provocadas, no pênalti falhado etc. Faltou mais calma e menos precipitação para servir melhor os jogadores que chegavam à área.

Reflexão #32: A pressa é inimiga da perfeição, e, quando há muito em jogo, há uma tentação natural de fazermos as coisas com mais pressa e rapidez do que o normal. Isso retira-nos assertividade e lucidez não só para tomar boas decisões, como para executá-las bem. Resumindo: para uma boa performance, necessitamos do equilíbrio entre um estado mental competitivo e agressivo e, simultaneamente, um estado mental calmo e tranquilo – "coração quente, cabeça fria" – para estar focado e executar bem as ações técnicas. E como é tão difícil encontrar esse equilíbrio entre o coração quente e a cabeça fria...

Rodada 33 – 22/Outubro
Palmeiras 3x0 Avaí

Fizemos o 1x0 aos quatro minutos de jogo, fruto de uma entrada fortíssima na partida, e depois não tivemos a capacidade de manter a toada. Baixamos muito de intensidade e fomos incapazes de manter a bola mais tempo em nossa posse. Fizemos o 2x0 aos 9 minutos do segundo tempo, tivemos várias oportunidades de "matar o jogo", mas só conseguimos fazê-lo aos 44 minutos.

Reflexão #33: Em jogos que há muita coisa em jogo (passamos a redundância) é essencial manter a calma para tomar boas decisões e não nos precipitarmos, de modo a não nos deixarmos levar pelas emoções e pela tentação normal de querer fazer tudo rapidamente. Foi isso que aconteceu no jogo anterior contra o São Paulo e não permitimos que acontecesse neste duelo.

Rodada 34 – 25/Outubro
Athletico-PR 1x3 Palmeiras

Entramos bem no jogo, mas sofremos um gol antológico, que nos tirou a serenidade. No intervalo, o Abel pediu que voltássemos a ter a organização que nos carateriza (e que foi inexistente no primeiro tempo) e fizemos duas substituições necessárias para dar a volta ao jogo no segundo tempo (sendo que é raro fazermos substituições ao intervalo). Conseguimos o 1x1, e após a expulsão foi mais fácil chegarmos ao 2x1 e ao 3x1 final, numa partida que ficará lembrada também pela estreia do Endrick a marcar (tornando-se o mais jovem a marcar gol no Brasileirão na era dos pontos corridos).

Reflexão #34: Quando o jogo não está a ir ao encontro daquilo que nós queremos dele, temos de ser proativos e mudar o que for preciso para tentar obter o que queremos que o jogo nos dê. Foi o que fizemos no vestiário, numa total sintonia da equipa técnica das duas substituições a realizar no intervalo, algo que raramente fizemos no nosso percurso.

VÍDEO: INTERVALO ATHLETICO-PR X PALMEIRAS
(BRASILEIRO - RODADA 34)

"Duas palavras: calma e coragem. E a outra que temos que ter é organização. Foi o que nos faltou aqui na primeira parte. Quando chegarmos à zona do último terço, é fazer golos. Nós, na primeira parte, não conseguimos mexer. Agora, na segunda, é ter calma para fazer bem as coisas. Temos 45 minutos pra fazer o primeiro gol. O nosso objetivo é fazer o primeiro gol. E depois vamos atrás do segundo. O nosso foco é com calma, com coragem, com organização. Entendido?"

Abel Ferreira

O exato momento da mudança de discurso do Abel. "Disse-vos até hoje que não sabia qual ia ser o jogo do título e que, por isso, cada jogo era uma final. Mas agora já sei qual é o jogo do título: é o próximo jogo contra o Fortaleza! E o que vamos fazer? O mesmo de sempre, não vamos mudar nada nem fazer nada diferente."

Rodada 35 – 02/Novembro
Palmeiras 4x0 Fortaleza

Este seria o jogo do título, caso o 2º colocado perdesse pontos na partida da tarde ou se nós vencêssemos o nosso jogo. Na preparação para este duelo, definimos a nossa abordagem mental ao jogo: independentemente do que acontecesse no confronto das 16h, iríamos abordar nosso jogo às 21h30 como mais uma final – neste caso, seria a décima das 13 finais. Entramos fortes, controlamos e dominamos um adversário que estava num momento fantástico (sequência de 8 jogos sem perder e de 18 pontos em 24 possíveis). Num jogo que poderia levar a um eventual relaxamento, o Abel cobrou a responsabilidade de jogarmos como sempre jogamos. Resultado? Mostramos a nossa melhor versão, vencemos por 4x0 um adversário competentíssimo e com uma performance de campeão.

Reflexão #35: Quando tiramos do pensamento a pressão de ganhar (sabendo que o resultado é sempre o mais importante), soltamo-nos completamente e demonstramos em campo a nossa melhor versão. E isso nos leva a refletir: afinal, o que é a "pressão"? Uma vez que não é físico, não é visível nem é material, podemos concluir que é mental. E, sendo mental, é um pensamento que nós temos e que, em nossa experiência, pode inibir-nos de mostrar nossa melhor versão. Esse sentimento de "pressão" (associado ao resultado) tende a aumentar quando há muito em jogo ou quando sentimos insegurança pelo que não controlamos (resultado). Então, qual será a solução para esse problema? Jogar todos os jogos (independentemente do que está em disputa) com o foco naquilo que controlamos, com a vontade de dar o melhor de nós, pensando unicamente nas nossas tarefas. Com esse mindset, o sentimento de pressão tende a reduzir-se. Ah... E o resultado? Não pensamos nele, pois ele será uma consequência. Quanto mais pensarmos nele, mais "pressão" vamos sentir.

VÍDEO: PRELEÇÃO PALMEIRAS X FORTALEZA
(BRASILEIRO - RODADA 35)

"Vou dizer outra coisa mais. Não entra ninguém se ninguém sair. Se ninguém sair, é com estes que vamos continuar. A confiança é total e absoluta. Três anos. Não sei se temos os melhores jogadores do mundo. Nem sei se temos os melhores treinadores do mundo. Agora, juntos, somos f... pra c... Foi no primeiro ano, foi na primeira época, foi na segunda, e esta foram três títulos, certo? Agora, uma coisa que vocês tem de meter nas vossas cabeças, para quando começar o jogo: as vitórias trazem responsabilidade."

Abel Ferreira

VÍDEO: PÓS-JOGO PALMEIRAS X FORTALEZA
(BRASILEIRO - RODADA 35)

"Obrigado a todos vocês, obrigado à diretoria, obrigado a todo o staff, obrigado à minha comissão técnica, e um obrigado de coração, muito especial, a vocês jogadores. A comissão técnica tem ideias, mas quem as faz acontecer são vocês. Eu estive desse lado e sei o que estou a dizer. Obrigado de coração por fazerem parte da minha família profissional de trabalho."

Abel Ferreira

Rodada 36 – 06/Novembro
Cuiabá 1x1 Palmeiras
Primeiro jogo após o título e após alguns dias de comemoração. Aliado a isso, iríamos enfrentar um clima muito peculiar no Brasil e um gramado alto e seco. Previa-se um jogo difícil, num contexto desportivo difícil, contra um adversário (organizado e competitivo) que lutava pela sobrevivência na Série A e nós pela invencibilidade.

Reflexão#36: Para nós, nem todos os jogos são iguais, mas todos os jogos são para ganhar. Em todos os jogos, entramos para vencer, mesmo já tendo alcançado o nosso objetivo principal (ser campeões). Não alteramos rotinas nenhumas e mantivemos todos os procedimentos que utilizamos. Essa mentalidade esteve presente em campo, mesmo que não tenhamos conseguido a vitória. Certamente os nossos torcedores, estando no estádio ou em casa, se sentiram representados.

Rodada 37 – 09/Novembro
Palmeiras 2x1 América-MG
Para o jogo, o Abel pediu que os atletas desfrutassem com responsabilidade. Seria uma festa nas arquibancadas antes, durante e depois da partida, mas nós queríamos que a festa no gramado acontecesse somente após o fim do confronto. Afinal, queremos sempre vencer e ainda tínhamos objetivos secundários em disputa (ser o melhor mandante, ser a melhor defesa e completar os pontos que havíamos definido como meta), além de outros recordes possíveis de alcançar – que, porém, não são nem nunca foram o nosso foco. Entramos a perder por 1x0, mais uma vez num remate indefensável do adversário numa falta direta. Nesse momento, tivemos um *déja vù*: a torcida começou a entoar o cântico "O Palmeiras é o time da virada! O Palmeiras é o time do amor!" e nesse momento começamos a ganhar energia extra para reverter o resultado. Chegamos ao empate ainda no primeiro tempo, pelo Scarpa (no jogo da sua despedida e após o Weverton ter pedido ao grupo que jogássemos e vencêssemos por ele). No intervalo, fizemos um ajuste tático para não atacarmos uma linha de 5/6 homens e atacar somente uma linha de 4 homens (não estar no espaço, aparecer no espaço). E, na segunda parte, dominamos por completo. Vencemos por 2x1 – um resultado escasso, pelas três bolas no ferro do gol.

Reflexão #37: Vitória da mentalidade competitiva, do comprometimento coletivo, do equilíbrio emocional no momento de adversidade e da vontade indomável de jogar para vencer do primeiro ao último minuto.

P.S.: Jogo marcado (1) pela entrega do troféu de campeão (2) pela despedida do Scarpa e (3) pelos 400 jogos do Dudu. Na entrega da taça, um "porMaior" dos capitães (Weverton, Gómez e Rocha) deixou-nos orgulhosos: eles decidiram partilhar o momento de levantar o troféu com o Scarpa, em seu último ato perante os torcedores no Allianz Parque. Uma "baita atitude" que simboliza o nosso maior lema desde o primeiro dia: no Palmeiras, todos somos um. Mais do que uma filosofia de jogo, essa é a nossa forma de ser e estar na vida e, de forma particular, no futebol.

Rodada 38 – 13/Novembro
Internacional 3x0 Palmeiras

74º jogo da época e, por sinal, o último. Após várias festas e festejos, viajamos para o Rio Grande do Sul para enfrentar o vice-líder. Infelizmente, tentamos mas não conseguimos a mobilização mental dos jogadores para competir como sempre fizemos. Perdemos justamente contra um adversário que, neste jogo, quis mais do que nós e foi mais competitivo do que nós. A competência e qualidade do vice-líder realça ainda mais a qualidade do nosso campeonato. Ainda assim, foi um jogo em que tivemos três oportunidades claras de gol e não fizemos. Mas não nos podemos queixar do que quer que seja de nossos jogadores, pois eles foram uma verdadeira prova de consistência durante os 11 meses. Por fim, uma curiosidade. Somente em dois jogos do Brasileirão sofremos 3 golos em uma partida só: no primeiro e no último jogo do campeonato.

Reflexão #38: Quando competimos, podemos ganhar a qualquer equipa. Quando não temos o modo competitivo ligado, podemos perder de qualquer uma. Porém, em todos os momentos, "Todos somos 11"!

Balanço final

A conquista do Brasileirão fechou com letras douradas mais uma temporada vitoriosa do Palmeiras. O clube se tornou o primeiro a chegar a marca de 11 campeonatos brasileiros, recorde absoluto – os vice-líderes têm 8. Para nós, comissão técnica, foi nosso primeiro campeonato brasileiro, conquistado de uma forma que não deixa dúvidas a ninguém sobre o mérito do campeão.

Além disso, conquistamos mais uma tríplice coroa para a história do clube, com triunfos nos três níveis de disputa – estadual (Campeonato Paulista), nacional (Brasileirão) e internacional (Recopa Sul-Americana).

Nossos parabéns e nossos agradecimentos a todos os que participaram dessas conquistas! Verdadeiramente, todos fomos ± 11!

Este QR code te leva para o vídeo dos bastidores das celebrações do título. No canal da TV Palmeiras no YouTube, também é possível assistir ao documentário do Hendeca, com depoimentos inéditos dos jogadores, comissão técnica e diretoria.

Todos somos 11!

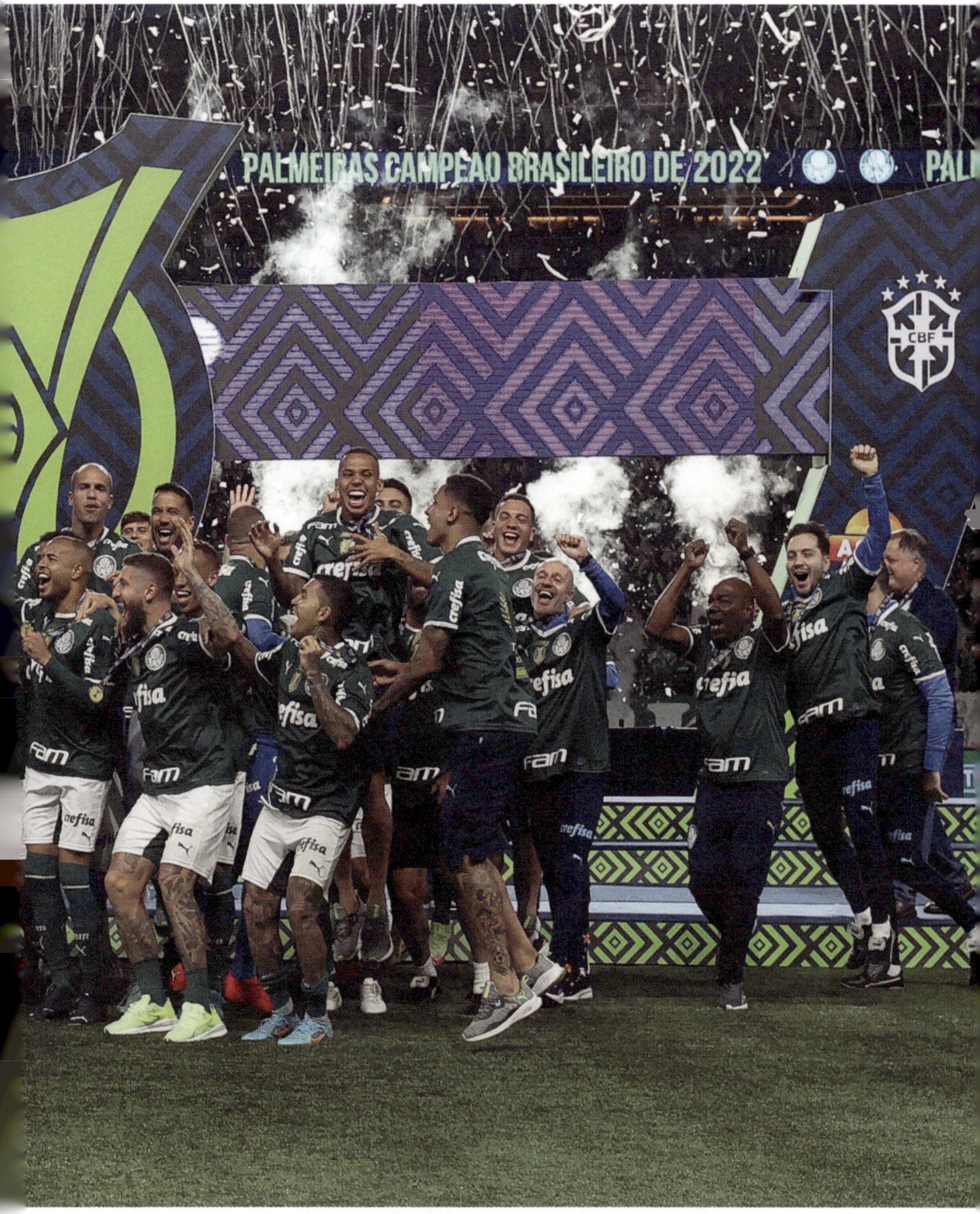
PALMEIRAS CAMPEÃO BRASILEIRO DE 2022

Fim da volta

A volta extra terminou. E assim chegamos ao fim da disputa das seis competições de 2022. Resumo da temporada: 74 jogos, 48 vitórias, 19 empates, 7 derrotas, 142 golos marcados e 50 golos sofridos. Aproveitamento de 73,4%. 3 títulos conquistados (novamente, uma tríplice coroa).

Na soma de dois anos, foram seis conquistas do Palmeiras. Além dos troféus, importantes como legado material para o clube, também ficam para a história os fatos/recordes alcançados na temporada 2022 – que, apesar de não serem nosso objetivo, são fruto natural do trabalho de todos nós.

E eles foram:

Na conquista da Recopa Sul-Americana:

• Duplicamos o número de conquistas internacionais em competições oficiais de toda história do Palmeiras. Antes, o clube possuía três taças internacionais (Mundial de 1951, Copa Mercosul de 1998 e Copa Libertadores de 1999), e agora possui seis taças intercontinentais (após vencer duas Copas Libertadores da América em 2020 e 2021 e a Recopa Sul-Americana em 2022).

• Abel Ferreira se tornou o técnico do Palmeiras com maior número de conquistas internacionais isoladamente – campeão das Libertadores de 2020 e 2021 e da Recopa em 2022.

• Abel Ferreira se igualou a Felipão com o maior número de finais em torneios internacionais pelo Alviverde: cinco finais. Além da decisão da Recopa Sul-Americana, Abel chegou na decisão da Copa Libertadores de 2020 e 2021, da própria Recopa em 2021 e do Mundial Interclubes em 2021. Scolari decidiu os títulos da Libertadores em 1999 e 2000, Copa Mercosul em 1998 e 1999 e o Mundial Interclubes em 1999.

• Em sua história, o Palmeiras pela primeira vez ganhou três torneios internacionais em temporadas consecutivas: 2020, 2021 e 2022.

• Pela primeira vez no século XXI, o Palmeiras atingiu a marca de vencer ao menos um título oficial em três anos consecutivos.

• Desde 2016, quando venceu o Campeonato Brasileiro em sua casa, o Palmeiras não conquistava um título perante o seu torcedor em seus domínios.

Na conquista do Campeonato Paulista:

• Desde 1937, o Palmeiras não vencia o Derby pelo Campeonato Paulista atuando no estádio Palestra Italia/Allianz Parque. Fim de um tabu de 85 anos. (Palmeiras 2x1 Corinthians, 17/3/2022.)

• Abel Ferreira é o primeiro treinador da história do Palmeiras a ganhar clássicos contra os principais adversários atuando na casa dos rivais: Itaquera, Vila Belmiro e Morumbi.

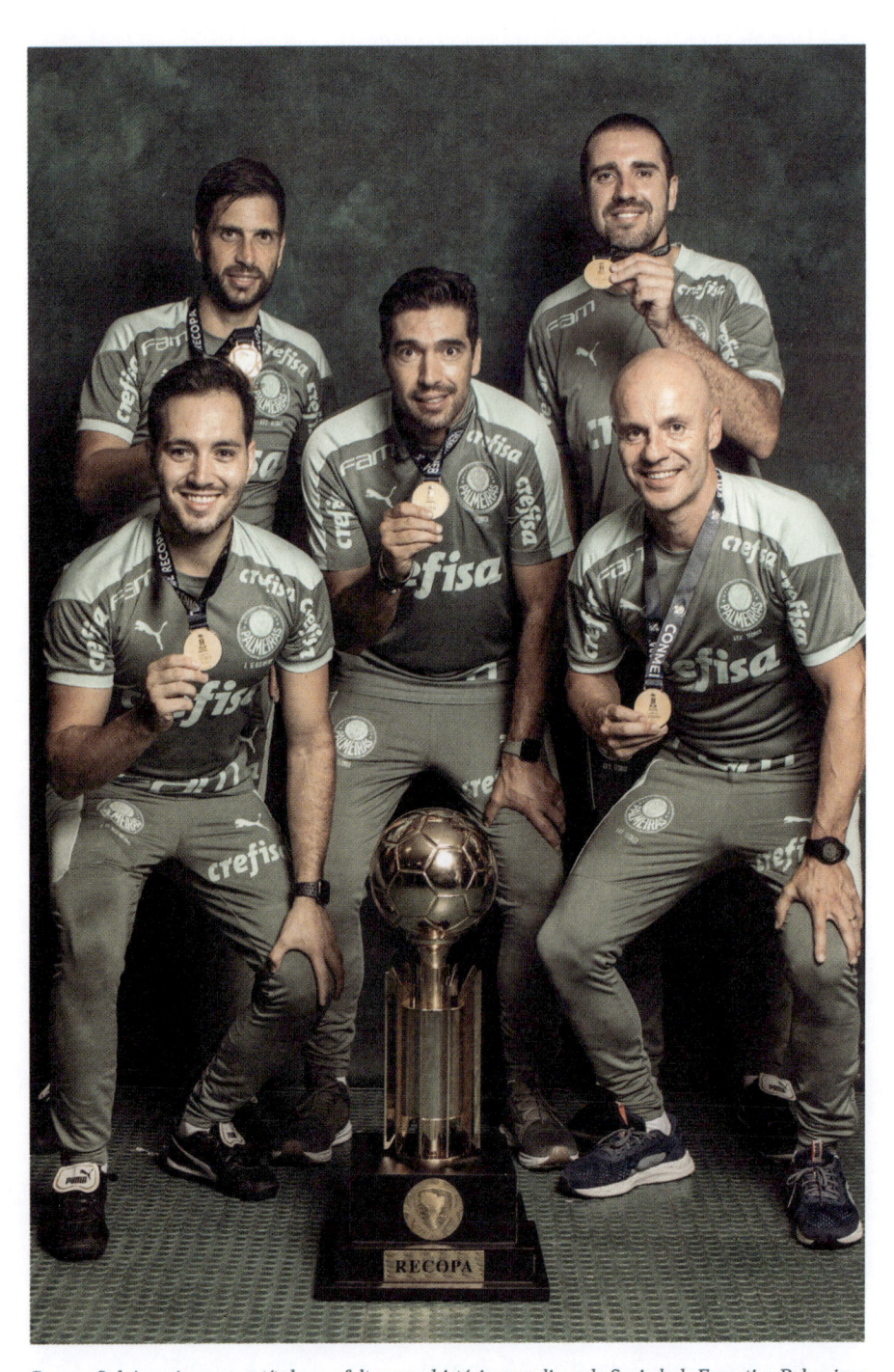

Recopa Sul-Americana: um título que faltava na história grandiosa da Sociedade Esportiva Palmeiras

• Depois de 89 anos, o Palmeiras conseguiu vencer todos os três clássicos em partidas em sequência contra São Paulo, Santos e Corinthians pelo Campeonato Paulista. Isso havia acontecido apenas uma vez na história do clube, no Campeonato Paulista de 1933. (São Paulo 0x1 Palmeiras, 10/3/2022; Palmeiras 1x0 Santos, 13/3/2022; Palmeiras 2x1 Corinthians, 17/3/2022).

• Pela primeira vez no atual formato do Campeonato Paulista (adotado a partir de 2017, com 16 times separados em quatro grupos), um clube termina a primeira fase da competição de forma invicta.

• O Palmeiras encerrou a primeira fase do Paulistão com a melhor campanha da história neste atual formato: foram 30 pontos conquistados em 12 partidas, com nove vitórias e três empates (17 gols marcados contra três sofridos). O maior número de pontos alcançados por um time neste formato, até então, havia sido de 27.

• Além da melhor campanha em pontos (30), o Palmeiras encerrou a primeira fase do Paulista 2022 como detentor de outros recordes: maior número de vitórias (nove), a defesa menos vazada (três gols sofridos) e o melhor saldo de gols da competição (14).

• O Palmeiras nunca havia participado de três finais de Campeonato Paulista em temporadas consecutivas em sua história.

• O Palmeiras nunca havia vencido três semifinais de Campeonato Paulista consecutivas em sua história.

• Abel Ferreira alcançou sua nona final pelo Palmeiras, ficando a apenas uma decisão de Felipão, que é o recordista do clube com 10 finais.

• Desde 1993, o Palmeiras não revertia uma decisão de Campeonato Paulista quando não venceu o primeiro jogo. Na ocasião, o Alviverde quebrou, em cima do Corinthians, um tabu de 16 anos sem títulos.

• O Palmeiras nunca havia revertido uma eliminatória ou decisão quando perdeu a partida de ida por 2 gols ou mais em toda a sua história. Essa foi a primeira vez.

• Jamais havia acontecido na história de 120 anos do Campeonato Paulista a reversão do placar de uma decisão com 3 gols ou mais de diferença, após derrota no jogo de ida.

• O Palmeiras nunca havia vencido o São Paulo F.C. em decisões de títulos por qualquer competição em toda a história.

• Abel Ferreira igualou Vanderlei Luxemburgo como o técnico que mais vezes chegou à decisão do Campeonato Paulista pelo Palmeiras no século XXI, com duas finais. Luxemburgo foi campeão em 2008 e 2020, e Abel Ferreira foi vice em 2021 e campeão em 2022.

• Abel Ferreira conquistou sua primeira taça estadual. O último treinador europeu a ser campeão paulista havia sido o húngaro Bela Guttmann, em 1957, como treinador do São Paulo.

• O último técnico estrangeiro a vencer o estadual pelo Palmeiras havia sido o uruguaio Ventura Cambon, em 1950; o último técnico europeu a ser campeão paulista pelo alviverde havia sido o italiano Caetano De Domenico, em 1940.

• Abel Ferreira se tornou o técnico estrangeiro com o maior número de títulos isoladamente pelo Palmeiras, com 6 troféus (duas Libertadores, Recopa Sul-Americana, Copa do Brasil, Paulista e Campeonato Brasileiro).

Na Copa Libertadores, maior torneio continental da América do Sul, também consolidamos alguns recordes:

• Maior série invicta da história do Palmeiras: 18 jogos (8 jogos em 2021 e 10 jogos em 2022).

• Maior goleada da história do clube: Palmeiras 8x1 Independiente Petrolero (12/4/2022).

• Maior goleada como visitante da história do clube: Palmeiras 5x0 Independiente Petrolero (3/5/2022).

• Clube com maior número de vitórias consecutivas na Copa Libertadores: 9 (8 vitórias em 2022 e 1 vitória em 2021).

• Maior série invicta fora de casa na história da Copa Libertadores: 22 jogos, sendo 20 como visitante (14 vitórias e 6 empates) e 2 vitórias em campo neutro (Palmeiras de 2019 a 2022).

• Maior série invicta de qualquer clube na história da Copa Libertadores: 18 jogos entre 2021 e 2022.

• Clube com mais gols marcados na fase de grupos da história da Copa Libertadores: 25 gols marcados em 2022.

• Clube de melhor campanha na fase de grupos da história da Copa Libertadores: em 2022, o Palmeiras teve 100% de aproveitamento (6 jogos, 6 vitórias, 25 gols pró e 3 gols contra).

• Brasileiro com mais participações: 23 (já contabilizando a classificação para a edição de 2023).
• Brasileiro com mais participações consecutivas: 8 (já contabilizando a edição de 2023).
• Brasileiro com mais títulos: 3 (ao lado de São Paulo, Santos, Grêmio e Flamengo).
• Brasileiro com mais títulos consecutivos: 2 (ao lado de São Paulo e Santos).
• Brasileiro com mais finais: 6 (ao lado do São Paulo).
• Brasileiro com mais jogos: 222.
• Brasileiro com mais vitórias: 125.
• Brasileiro com mais vitórias como mandante: 75.
• Brasileiro com mais vitórias como visitante: 48.
• Brasileiro com mais gols: 429.
• Brasileiro com mais gols como mandante: 253.
• Brasileiro com mais gols como visitante: 173.
• Edição com maior número de gols marcados em nossa história: 37 gols em 2022.

Na conquista do Campeonato Brasileiro:
• Pontuação recorde na história da Sociedade Esportiva Palmeiras: 81 pontos conquistados.
• Maior número de gols anotados pelo Palmeiras numa única edição de Campeonato Brasileiro de pontos corridos a partir de 2006 (20 clubes participantes): 66.
• Equipe com menor número de derrotas em um Campeonato Brasileiro na era dos pontos corridos: 3.
• Os 18 jogos invictos como visitante na edição de 2022 representam a maior invencibilidade de um time fora de casa no Campeonato Brasileiro em todas as edições da história do torneio nacional, que começou a ser disputado em 1959.
• Campeão do primeiro turno (39 pontos).
• Na competição de 2022, o Palmeiras teve a melhor defesa (27 gols sofridos), o melhor ataque (66 gols marcados), o maior número de vitórias (23) e o menor número de derrotas (3).

• Líder ininterrupto do Brasileirão desde a décima rodada (junho/22).
• Conquista do Campeonato Brasileiro utilizando o maior número de atletas na história (35 jogadores utilizados durante 38 rodadas), igualando a marca de 2016.
• Conquista de Campeonato Brasileiro utilizando o maior número de atletas estrangeiros: 6 atletas.
• Conquista de Campeonato Brasileiro utilizando o maior número de atletas formados nas categorias de base: 13 atletas.
• Conquista de Campeonato Brasileiro com maior número de atletas formados nas categorias de base da Sociedade Esportiva Palmeiras marcando ao menos um gol: 6 atletas.
• Primeira conquista de um título brasileiro por um clube com técnico e capitão estrangeiros na história da competição: Abel Ferreira (português) e Gustavo Gómez (paraguaio).

Outras marcas da temporada de 2022 para o Palmeiras:
• Ano com maior número de gols marcados no século XXI (2001 em diante): 142 gols marcados.
• Ano com maior número de vitórias (48) no menor número de jogos (74) no século XXI e ano com menor número de derrotas (7) desde 1976.
• A temporada 2022 é a mais vitoriosa, a com menor percentual de derrotas, a mais goleadora e a segunda menos vazada da história do Palmeiras dentro do Allianz Parque: 27 triunfos, 6 empates e 2 derrotas em 35 jogos, com 78 gols marcados e 19 gols sofridos.
• Pela primeira vez na história, o Palmeiras obteve 10 vitórias nos clássicos em uma mesma temporada. Diante de Corinthians, São Paulo e Santos foram 13 jogos, 10 vitórias, 1 empate, 2 derrotas, 19 gols marcados e 7 sofridos.
• Consolidação do Palmeiras como o Maior Campeão do Brasil, com 11 títulos do Campeonato Brasileiro.
• Conquista da Tríplice Coroa em 2022 com um título estadual (Paulista), um título nacional (Brasileiro) e um título internacional (Recopa) numa única temporada. Feito inédito por um mesmo treinador na história do clube.
• Entre julho a outubro de 2022, o Palmeiras foi aclamado pela IFFHS (Federação Internacional de História e Estatísticas do Futebol) como o melhor clube do mundo em 2022 no ranking geral dessa entidade.

Ao término da temporada, era chegado o momento de fazer um balanço final. Já afirmamos que o Abel, quando se encerra uma época, tem por princípio e responsabilidade entregar à diretoria um balanço daquilo que foram as incidências daquele ano e da projeção do futuro. Em 2022, não foi diferente. Preparamos um relatório, semelhante aos das duas épocas anteriores, no qual analisamos as etapas da temporada em termos de resultados desportivos nas diferentes competições – uma vez que resultados financeiros não nos dizem respeito – e projetamos a época 2023, em termos de aspectos de melhoria, de calendário, análise do elenco atual, comparação da constituição de elencos com outras equipas nacionais e internacionais, apresentação do perfil de reforços desejados e uma conclusão final. Este relatório foi, mais uma vez, entregue às pessoas responsáveis pela tomada de decisões na Sociedade Esportiva Palmeiras: a Presidente e o Diretor Executivo.

Paralelamente a este período de tempo em que disputamos seis competições, também tivemos três eventos impactantes que marcaram o ano de 2022: o lançamento do nosso livro, a renovação de contrato e os reconhecimentos individuais do Abel (o Prêmio Quinas de Ouro por parte da Federação Portuguesa de Futebol, o Título de Cidadão Paulistano pela Câmara Municipal de São Paulo e a Medalha de Honra ao Mérito Desportivo do Governo do Estado de São Paulo).

LIVRO

Logo após o título da Recopa, pudemos comemorar outra conquista: o lançamento do livro "Cabeça fria, coração quente", que retrata, mais do que a nossa filosofia de trabalho, a nossa filosofia de vida. Esse momento de lançamento foi o culminar de meses de muito trabalho (duro!) para vê-lo finalizado. Foi também o passo final de vários sacrifícios, como por exemplo termos abdicado das férias para poder conceber o livro e lançá-lo no tempo programado.

Já referimos anteriormente que a ideia havia nascido muitos anos antes, quando estávamos no Braga, mas foi no Brasil que a obra se começou a materializar. Por isso, este momento foi também o culminar de um sonho concretizado e de um objetivo de vida alcançado.

O lançamento do livro ocorreu em três momentos diferentes. O primeiro para os jogadores; o segundo para os funcionários da Academia de Futebol, onde lhes retribuímos o generoso gesto de entrega das camisas no momento de celebração de um ano a serviço do Palmeiras; e o terceiro para 78 sócios Avanti nascidos no ano de 1978, como o Abel – evento este realizado na Faculdade das Américas, em São Paulo. Em seguida, a obra chegou ao mercado, e teve uma recepção altamente positiva, tendo se tornado um dos livros mais vendidos no Brasil.

Verdade seja dita: não esperávamos o impacto que o livro teve. Não esperávamos ter milhares de pessoas a pedir-nos para autografar o livro – por exemplo, as pessoas que nos esperam diariamente à porta do CT. Não esperávamos ter dezenas de pessoas à nossa espera no hotel para assinar os livros quando jogamos fora de casa – por exemplo, nas viagens a Santa Catarina, Goiás, Rio de Janeiro, Rio Grande do Sul, Paraná, Ceará, Minas Gerais... Não imaginávamos que hoje os jornalistas fizessem perguntas com base em

FIM DA VOLTA 155

156   CABEÇA FRIA, CORAÇÃO QUENTE

FIM DA VOLTA 157

"Cabeça fria, coração quente" na Bienal Internacional do Livro de São Paulo: as palestras de Abel Ferreira e Tiago Costa no maior evento literário do Brasil, no dia 7 de julho de 2022

situações apresentadas no livro – por exemplo, constituição de elenco e método de recrutamento de jogadores. Não imaginávamos que hoje os comentaristas avaliassem a performance do Palmeiras com base em critérios que partilhamos no livro – por exemplo, o 15-15-15.

Para citar um caso real: durante o primeiro turno do Campeonato Brasileiro, no célebre jogo contra o Atlético-GO em que vencemos por 4x2, um meio de comunicação jornalístico analisou nosso desempenho com base nos critérios de rendimento que defendemos – e que apresentamos não só na primeira edição do livro, como também em várias coletivas do Abel. Essa pesquisa e esse estudo são um "porMaior" que outros veículos de informação também têm – e que outros, todavia, não têm.

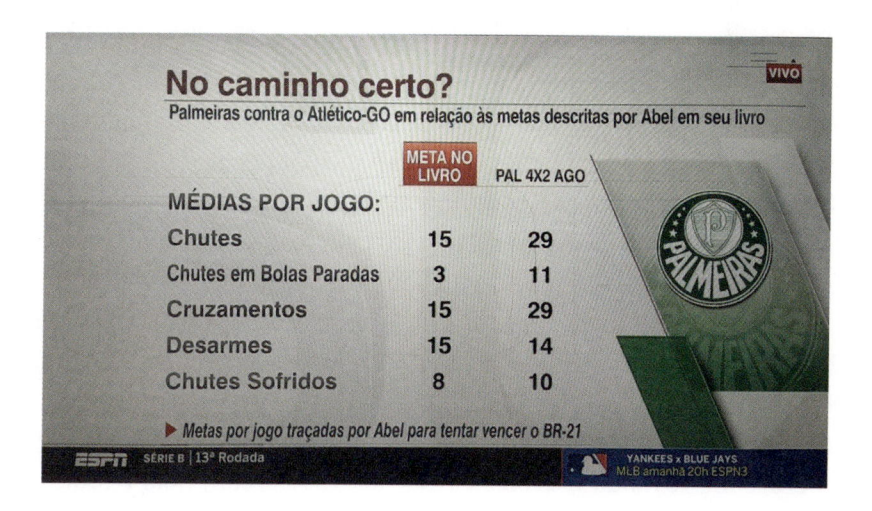

No caminho certo?
Palmeiras contra o Atlético-GO em relação às metas descritas por Abel em seu livro

MÉDIAS POR JOGO:

	META NO LIVRO	PAL 4X2 AGO
Chutes	15	29
Chutes em Bolas Paradas	3	11
Cruzamentos	15	29
Desarmes	15	14
Chutes Sofridos	8	10

▶ Metas por jogo traçadas por Abel para tentar vencer o BR-21

ESPN SÉRIE B | 13ª Rodada

Aproveitamos para dar os nossos parabéns a TODOS OS MEIOS DE COMUNICAÇÃO que também fazem um bom trabalho de pesquisa e apuração e praticam o verdadeiro jornalismo no momento de avaliar um determinado desempenho de uma determinada pessoa e/ou de uma equipa, de forma imparcial e sem vestir a camisa de seu clube de coração. A imprensa, tal como nós, profissionais de futebol, também tem a missão de ajudar a valorizar o esporte.

Tudo isso nos orgulha e nos enche o coração. Mais do que o legado material, é o legado imaterial que perdurará. E este livro pretende contribuir para esse legado.

Foi um livro escrito com (muita) alma e coração, e editado da forma que planejávamos, trazendo fotografias, o relato de nossas experiências pessoais e detalhes de nosso método. Para além disso, o livro tem uma vertente solidária: nada do retorno financeiro desta obra será para nós, uma vez que decidimos doar toda a porcentagem que teríamos direito a instituições de trabalho social no Brasil, bem como, no que diz respeito à edição portuguesa, ao IPO (Instituto Português de Oncologia), no Porto.

RENOVAÇÃO DE CONTRATO

Ainda durante este período de tempo, tivemos outro evento marcante: a renovação de contrato com o Palmeiras.

No início do ano, o clube havia procurado o Abel com esse intuito. À altura, a presidente Leila Pereira disse a ele: "Você só não fica no Palmeiras se não quiser". Mas não se tratava apenas de uma questão de querer ou não querer. O Abel já estava há quase um ano e meio longe da esposa e das filhas. Para ele, seria impossível continuar no Brasil por mais tempo sem elas. Na falta desse pilar, não haveria sustentação para realizar qualquer trabalho.

E o que convenceu o Abel a ficar – e também sua família a vir – foram as relações que a nossa pequena família de 5 pessoas criou aqui com uma família de 400 pessoas (jogadores, diretoria e demais elementos da estrutura do Palmeiras) e com outra família de 16 milhões de pessoas (a torcida palmeirense). Encontramos aqui uma nova família, à qual a família de sangue do Abel aceitou se juntar e levou a que ele decidisse a continuar o projeto.

Dessa forma, ficou acertada a extensão do contrato até 2024. Vale realçar que a renovação deu-se ainda antes da conquista do Campeonato Paulista. Antes que o anúncio oficial fosse feito aos torcedores e à imprensa, após o jogo contra o Red Bull Bragantino, o Abel fez questão de avisar em primeira mão aos jogadores que ficaria – e agradecer por tudo que tinham feito por nós desde que chegamos ao Brasil. Para ele, afinal, a proposta para que continuássemos no clube era também fruto da qualidade e do empenho dos atletas, os protagonistas das vitórias e conquistas dentro de campo.

Finalizado esse assunto, que havia gerado muita expectativa e especulação, viramos a página e seguimos em frente. Afinal, o nosso foco era só um: continuar a escrever a nossa história no Palmeiras. Todos juntos.

PRÊMIOS

Por fim, o terceiro e último evento(s) marcante(s): os reconhecimentos individuais do Abel. Primeiro, o Prêmio Quinas de Ouro, a mais alta distinção concedida pela Federação Portuguesa de Futebol a treinadores do país. Seguidamente, o Título de Cidadão Paulistano entregue pela Câmara Municipal de São Paulo. E por último, a Medalha de Honra ao Mérito Desportivo do Governo do Estado de São Paulo.

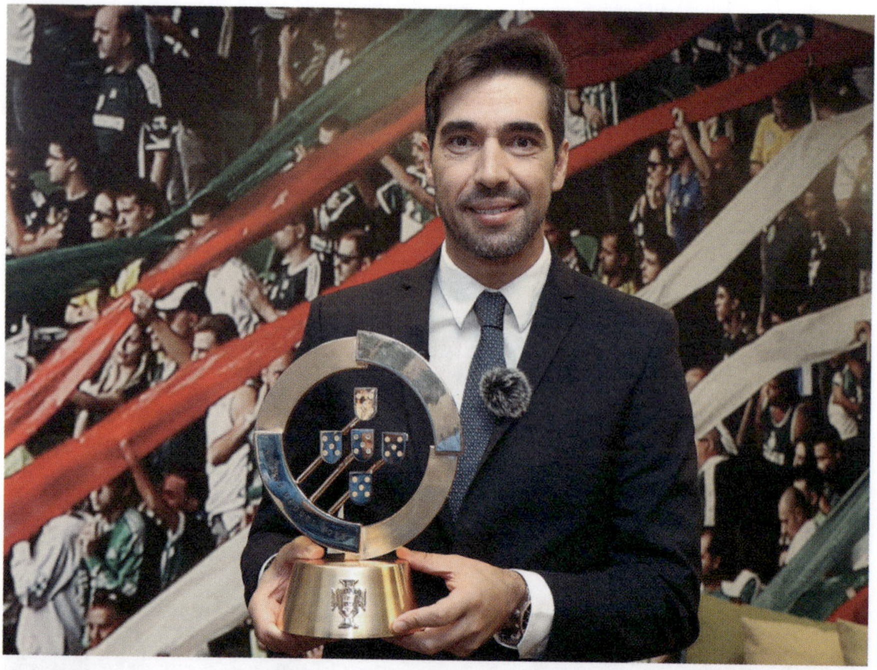

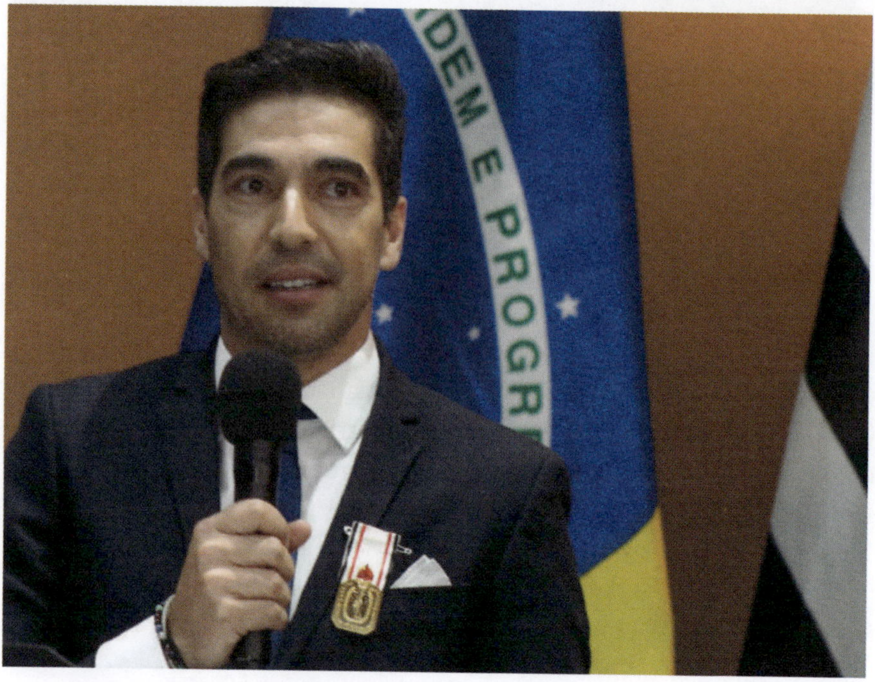

Abel com o troféu Quinas de Ouro e com a Medalha de Honra ao Mérito Desportivo do Governo do Estado de São Paulo (página ao lado); acima, ao lado de Marcelo Rebelo de Sousa, por ocasião da entrega da Ordem do Infante D. Henrique, e ao receber o título de Cidadão Paulistano (fotos acima)

Antes, no ano de 2021, o Abel também havia recebido outras distinções de grande importância em Portugal, como foi a Ordem do Infante D. Henrique, entregue pelo presidente de Portugal, Marcelo Rebelo de Sousa, e que celebra cidadãos portugueses que prestaram serviços que valorizam a história do país. E também o prêmio "Talento que marca o mundo" entregue pela Liga Portuguesa de Futebol Profissional (LPFP).

Outros prêmios importantes recebidos: melhor técnico do Campeonato Brasileiro pela Confederação Brasileira de Futebol (2022); Troféu Telê Santana/ESPN Bola de Prata de melhor técnico do Campeonato Brasileiro (2022); Prêmio CNID como melhor técnico português em atividade fora do país, concedido pela associação de jornalistas esportivos de Portugal (2022); Personalidade do Ano da Câmara Portuguesa de São Paulo (2022); melhor técnico das Américas pelo jornal uruguaio *El País* (2021); Medalha de Ouro da Cidade e do Concelho de Penafiel (2021); eleito o técnico da Seleção da Copa Conmebol Libertadores (2020).

Todas essas honrarias nos deixam com um sentimento de orgulho muito grande pelo reconhecimento do nosso trabalho, trazendo a (boa) responsabilidade de quem venceu no passado e pretende continuar a vencer no futuro.

Cada prêmio tem um "sabor diferente": os prêmios "portugueses" trazem-nos a felicidade especial de ser reconhecidos no nosso próprio país, e os prêmios "brasileiros" confirmam a arte de bem receber e acolher, que sentimos por parte do povo brasileiro desde o primeiro dia a trabalhar no Brasil, assim como a confirmação do trabalho realizado no Palmeiras. Não buscamos reconhecimento, não é o nosso objetivo e nunca vai ser, mas senti-lo aquece-nos o coração e faz-nos perceber que o nosso trabalho é valorizado.

PONTO FINAL

Enfim, conquistamos o sexto título de nossa caminhada no dia 2 de novembro de 2022 – precisamente dois anos depois de pousarmos os pés em solo brasileiro pela primeira vez, no dia 2 de novembro de 2020.
Que poético!
E agora, quando colocamos um ponto final nesta volta extra, em novembro de 2022, continuamos com a mesma sede de vitórias para o futuro. Estamos contentes, mas ainda não satisfeitos. Vamos continuar a plantar trabalho, trabalho e trabalho com o adubo do amor. E esperar que a colheita seja boa.
Não podemos controlar os frutos da colheita; mas sabemos que, quanto mais trabalharmos, mais colheitas poderemos ter.
Afinal, o Palmeiras é o time da virada e o time do amor. E o quão nós, comissão técnica, nos identificamos com isso! Também nós somos o que sentimos... E sentimo-nos a comissão da virada e a comissão do amor, que fazem parte deste grande time e desta grande família.
Agora? Terminou a volta extra! E a nossa cruzada continua...

P.S.: Como batizou o divino Ademir da Guia, (com orgulho e honra dizemos que) todos juntos somos a Terceira Academia.

FIM DA VOLTA 165

Os royalties dos autores deste livro serão integralmente doados para organizações não-governamentais com trabalhos e projetos de reconhecido impacto social no Brasil.

O Instituto Ayrton Senna, que ajuda a formar professores, gestores e pesquisadores a preparar crianças e jovens para a vida em todas as suas dimensões.

E a Associação Projeto Cesta de Três, que utiliza o esporte, especialmente o basquete, como base para a formação de cidadãos críticos e conscientes de seu papel na sociedade.